suhrkamp taschenbuch 95

Karl Krolow, geboren am 11. März 1915 in Hannover, lebt heute in Darmstadt. Er ist Mitglied der Deutschen Akademie für Sprache und Dichtung in Darmstadt, seit 1972 deren Präsident, Mitglied der Akademie der Wissenschaften und der Literatur in Mainz, der Bayerischen Akademie der Schönen Künste und des PEN-Club. 1956 erhielt er den Georg-Büchner-Preis. Seine wichtigsten Publikationen sind die Lyrikbände *Die Zeichen der Welt* 1952, *Wind und Zeit* 1954, *Fremde Körper* 1959, *Unsichtbare Hände* 1962, *Gesammelte Gedichte* 1965, *Nichts weiter als Leben* 1970, *Zeitvergehen* 1972. Karl Krolow ist auch als Übersetzer und Essayist hervorgetreten.
Karl Krolow hat in diesem Band Aufsätze zusammengestellt, die Einblick gewähren in seine literarische Werkstatt. In didaktischer Absicht werden so Hinweise gegeben, wie heute Gedichte entstehen und wie sie zu verstehen sind. Eigeninterpretationen werden dabei durch Analysen von Germanisten und Lehrern ergänzt. Auf diese Weise enthält das Buch Materialien zu einem Selbstporträt, in denen Karl Krolow seine ästhetische Herkunft und Position bestimmt (z. B. in *Literarische Vorbilder* und *Oskar Loerke – mein Modell?*) und die auf die literarischen Entwicklungen und Möglichkeiten der jüngsten Zeit eingehen (z. B. in *Zum Problem des langen und kurzen Gedichts* und *Die wiedergewonnene Wahrnehmung im Gedicht*).

Karl Krolow
Ein Gedicht entsteht

Selbstdeutungen
Interpretationen
Aufsätze

Suhrkamp

suhrkamp taschenbuch 95
Erste Auflage 1973

Quellennachweise der Interpretationen
anderer Autoren am Ende des Bandes
Suhrkamp Taschenbuch Verlag

Druck: Ebner, Ulm · Printed in Germany
Umschlag nach Entwürfen
von Willy Fleckhaus und Rolf Staudt

Inhalt

»Sicherheit in der Unsicherheit« – ein Selbst-Interview

Frage: Sie sind Lyriker, und manche kennen Ihre Gedichte, seit geraumer Zeit schon. Denn Sie sind hartnäckig dabei geblieben, Gedichte zu schreiben. Können Sie mir diese Hartnäckigkeit erklären?
Antwort: Sie ist zunächst Temperamentssache. Ich bin ein zäher Mensch, bleibe gern bei dem, was ich angefangen habe. Das geht bis zur Unbelehrbarkeit. Aber es ist außerdem eine Frage nach dem Geschmack am literarischen Abenteuer. Wer es sucht, wer diese Neugier nicht unterdrückt, dem bieten sich beim Versemachen reichlich abenteuerliche Gelegenheiten. Mehr als sonstwo in der Literatur.
Frage: Was verstehen Sie unter dem Abenteuer des Lyrikers?
Antwort: Etwas zu tun, was einer Chimäre gleichkommt. Etwas zu betreiben, was sich dauernd zu widerlegen scheint. Was widersetzlich ist. Das »unschuldigste aller Geschäfte« des Hölderlin-Fragments ist immer ein gefährliches, ein höchst kompliziertes und ein widerrufbares Geschäft gewesen. Ein momentanes Geschäft. Zum chinärischen Wesen dessen, was er macht, gehört auch die Vorstellung resignierter Stunden, daß Lyriker Erfindungen von Lyrikern seien.
Frage: Sind das nicht eher spielerische als resignierte Überlegungen? Und etwas allgemeine außerdem? Sie sollten mehr von Ihren eigenen Absichten und Erfahrungen sagen.
Antwort: Absichten? Das ist ein Stichwort. – Als ich mit dem Gedichteschreiben anfing, hatte ich natürlich die feste Absicht, gute Gedichte zu machen. Aber wer hat das nicht? Es versteht sich von selbst. Der selbstverständliche Ehrgeiz der Sensitivität. Ich kann mich nicht erinnern, daß ich mit diesen guten Gedichten etwas Besonderes »bewirken«

wollte. Sie sollten nur da sein. Durch ihr Dasein überzeugen, nicht durch ihre Stoffe, ihre Gegenstände, durch Forderungen, Ansprüche, Keckheiten, Lautstärke. Nun hatten die Gedichte freilich ihre Inhalte. Sie haben sie bis heute nicht aufgegeben. Aber solcher Inhalt ist dann in zunehmendem Maße zurückgedrängt worden, um am Ende gerade eben noch zugelassen zu sein, anwesend in der verstecktesten und darum freiesten, unabhängigsten Form. Nicht als Ballast, als Aufdringlichkeit, als Gewicht, unter dem der Text zu leiden beginnt. Ich mag die unter ihrer eigenen Bedeutung seufzenden Verse nicht.
Frage: Sie sind also gegen die falschen Erwartungen, die man von der Verwendbarkeit des Gedichtes hat?
Antwort: So ist es. Es ist für viele offenbar schwer einzusehen, daß ein Gedicht ein nicht nutzungsfähiges Wesen ist und bleibt und daß es – für mich – eine unausrottbare Scheu behält, sich als irgend etwas Glaubwürdiges auszuweisen. Es ist nicht in der Lage, zu trösten oder zu reizen. Es liegt mit keinen intellektuellen Errungenschaften in Konkurrenz. Es will einen Tiefsinn loswerden, für den es nichts kann. Es will Missionen aller Art loswerden. Aber – ich sagte es schon – es will da sein. Doch gerade dies ist vielleicht das Schwerste, Mißverständlichste. Eine vieldeutige Lage, die man als der Autor derartiger Gedichte in Kauf nehmen muß, wenn man davon überzeugt ist, daß es nicht anders sein kann. Die Kraft, die Widerstandskraft eines Gedichts hängt von den Worten ab, aus denen es besteht. Aus dem Umgang der Worte miteinander innerhalb des Gedichts, einer kurzen, intensiven, glaubwürdigen Verbindung. Wenn sie gelingt, kann sie für alles stehen. Für jeden beliebigen Gegenstand, jeden nur denkbaren Stoff.
Frage: Sie sind schon wieder im Begriff, grundsätzlich zu werden. Lassen zwar Vorliebe und Abneigung erkennen, aber kommen zu wenig auf sich, auf die eigene Praxis zurück.

Antwort: Ich will mich nicht entziehen. Wenn ich auch der Meinung bin, daß ein Mann, der Gedichte schreibt, die Gedichte für sich sprechen lassen sollte, ehe er von sich reden macht. Ehe er sich einmischt und dem Leben seiner Gedichte dazwischen kommt, ohnehin viel zu spät. Wenn die Gedichte sich von ihm entfernt haben. Wenn er ihnen den Rücken gekehrt hatte und seine Verse sich längst selbständig von ihm machten. Aber fragen Sie selber konkreter. Fragen Sie mich so, daß ich nicht ausweichen kann.

Frage: Gut. Sie deuteten soeben die Distanz zwischen Autor und Gedicht an und sprachen damit zunächst das eigene Verhältnis zu dem Geschriebenen aus.

Antwort: Ja. Ich will, daß das, was ich geschrieben habe, sich von mir trennt. Ich muß es loswerden. Und der Text will mich loswerden. Er muß sein Heil versuchen. Er muß sich durchschlagen. Aber immer ist es noch *mein* Leben, wenn er am Leben bleibt, *mein* Glück, wenn er Glück hat. Die Spannung wächst mit der Entfernung. Leute, die sich nicht von dem lösen können, was sie produzierten, und mit dem, was sie hervorbrachten, in einer Art Handgemenge bleiben, bekommen zu wenig Luft für das, was noch aussteht, was sie noch nicht schafften. Und es steht doch immer etwas aus. Und was schafft man schon? Es geht darum, weiterzukommen von Gedicht zu Gedicht. Natürlich nicht im Sinne irgendeines tristen Fortschritts, sondern im Sinne einer lebenslangen Unruhe, einer nicht endenden Neugier und Versuchung, sich mit einem manchmal tückischen Material einzulassen. Ich muß das, was ich geschrieben habe, sogleich als eine Hinterlassenschaft ansehen, und das, was ich noch nicht geschrieben habe, macht mir von nun an zu schaffen.

Frage: Sie nehmen sich, was dieses Ungeschriebene betrifft, nichts Bestimmtes vor?

Antwort: Ich sagte Ihnen, was ich von den Absichten halte. Natürlich kann ich mich zu einem bestimmten Zweck, anläßlich einer bestimmten Gelegenheit äußern, mit Hilfe eines mir zur Verfügung stehenden Vokabulars. Aber ich bin durchweg gegenüber dem ungeschriebenen Text unvoreingenommen. An einer Stelle und mit bestimmten Worten setzt er sich in Bewegung. Es sieht wie ein Handstreich aus. Doch ist es ein Überfall, den man sozusagen unter Kontrolle bekommt. Keine bloße Überrumpelung, die sich als Eingebung ausgibt und nichts ist als Unvermögen und Dilettantismus. Keine fliegende Hitze des Einfalls und Zufalls, den man gewiß nicht – mit Nietzsche zu reden – um seine Unschuld bringen sollte. Es ist eher ein ruhiges Gewährenlassen, bei dem man die Worte beobachtet, damit sie einem nicht durchbrennen und man hinter ihnen herläuft, um sie doch nicht zu erreichen. Ein Text kann einem rasch davonlaufen.

Frage: Also gibt es für Sie – da Sie sich unvoreingenommen verhalten – keine Fragen, etwa nach kurzen oder langen Gedichten?

Antwort: Wie lang oder wie kurz ein Gedicht gerät, ist mir gleichgültig. Immer wieder wird für das eine wie für das andere plädiert. – Baudelaire bemerkt übrigens in einem Brief an Armand Fraisse: »Was die langen Gedichte betrifft, so wissen wir, was davon zu halten ist. Sie sind die Zuflucht derer, die unfähig sind, kurze zu machen.« Das ist unfreundlich gesagt und trifft nicht einmal auf das zu, was Charles Baudelaire selbst geschrieben hatte. – Daß heute kurze Gedichte sich hartnäckig behaupten, hängt mit dem merkwürdigen Konzentrationsvorgang Gedicht zusammen, mit dem auch, was Francis Ponge die »semantische Dichte der Dinge« genannt hat. Auch mit Stoffverflüchtigung. In den sogenannten langen Gedichten beginnt die Stoffhuberei von neuem.

Frage: Aber Sie stellten vorhin immerhin fest, daß in Ihren Gedichten dieser Stoff zugelassen bleibe, wenn er auch reduziert wurde. Von welcher Art ist nun diese reduzierte Stofflichkeit?

Antwort: Ich glaube, daß die von mir im Gedicht bevorzugten Gegenstände ohne die Drastik ihrer Gegenständlichkeit, ohne das Gewicht der Materialität sind. Es sind in Veränderungen befindliche Stoffe, möchte ich sagen. Übergänge vom einen zum anderen. Und also bewegliche, sich entmaterialisierende Mitteilungen. Von ihrer Stofflichkeit erleichterte, über ihr schwebende, balancierende Themata. – Um es poetisch auszudrücken: ich möchte Rose oder Auge oder Mund oder Hand sagen. Aber zugleich den Übergang von Rose, Auge, Mund, Hand an ihre Umwelt, an Wind, Luft, Licht darstellen, an ein leichtes Ensemble, das den Einzelheiten hilft, so liquid wie möglich zu werden. Ich möchte gewissermaßen Leitern an die Gegenstände legen, mit Sprossen, die immer weiter nach oben, in ein unverdächtiges, offenes Blau führen.
Frage: Und was bleibt nach solchen akrobatischen Übungen – wie ich sie nennen möchte – für Sie zurück?
Antwort: Das Gefühl großer, vielleicht haarsträubender Freiheit. Unabhängigkeit. Sicherheit in der Unsicherheit, im Balancieren, bei dem man jederzeit irgendwohin abstürzen kann, um dann einen ärgerlichen Fall zu tun, der einem angekreidet wird, soweit er von anderen überhaupt bemerkt wird. – Es bleibt mir jedenfalls das Gefühl, in jedem Augenblick tun zu können, was ich will. Das Abenteuer, in dem ich mich bewege, ist ein ernsthafter Vorgang. Wie Spielsachen ernste Gegenstände sind. Léon-Paul Fargue hat vom Tod als dem »ernsten Spielzeug Gottes« schreiben dürfen. Ich kann diesen Satz nicht vergessen, wenn der Frühling mir zur ausgestopften Nachtigall wird, der Herbst zum präparierten Fasan und die mechanischen Jahreszeiten sich abwickeln, der folgerichtige, cartesianische Mai und die Siebensachen der Liebe.

(1964)

Lyrische Selbstporträts aus verschiedenen Zeiten

Ich habe zum erstenmal, wenn ich mich recht erinnere, im Jahre 1945 ein *Selbstbildnis 1945,* ein literarisches Selbstporträt geschrieben, ein Mann von dreißig Jahren, der seit einigen Jahren Verse zu schreiben versuchte, um mir dabei einen Vers auf dieses und jenes zu machen, auf meine wüste Zeit, die finstere Gegenwart dieses Jahres Null, aber nicht nur auf sie, meine Umwelt, vielmehr auch auf mich, der da vor dieser Umwelt auftauchte und sogleich – im Gedicht – wieder verschwand. Denn es war ein zwar im Geschmack dieses Augenblicks, in dem ich außerordentlich im Banne damaliger Naturlyrik stand, verfaßtes Stück, ein hochstilisiertes Gedicht sogar, aber zugleich ein flüchtiges Tuschwerk, ein Text, der in sich seinen Widerruf trug:

»Aus dem Schweigen bin ich kaum entlassen,
Das mir bitter in der Kehle steigt.
Und ich spüre manchmal mit Erblassen,
Wie mein Atem sich im Nichts verzweigt.«

Es war tatsächlich eine aus dem literarischen und menschlichen, dem persönlichen Nichts gefertigte Studie. Ein Orientierungsversuch, der Versuch, sich mühsam zurechtzufinden in einer gespenstischen, abgerissenen Umwelt. Damals hatte ich damit begonnen, meine Gedichte da und dort unterzubringen, fand Redakteure, denen sie gefielen, die mich ermutigten. Das Mut-Machen gehört ja zum Handwerk wie die Skepsis, das Mißtrauen, die Selbstbeobachtung, gehört dazu wie anderes, von dem erst gar nicht die Rede sein soll. Das Selbstporträt war ein »magisches« Porträt, ein bengalisch angeleuchtetes, ziemlich geheimnis-

volles und naturverfallenes, ein stammelndes Porträt meiner Selbst, auf der Suche, zu entdecken, was es mit mir – einem Talent – auf sich haben könne, und dazu noch in solchem Moment. Aber viele haben sich so oder anders geprüft, in jenen 12 Monaten des Jahres 1945: »Aus dem Schweigen bin ich kaum entlassen«. Ich glaubte, nie zu Stimme zu kommen, geschweige denn, daß diese Stimme mich im geringsten eine Weile »tragen« könne. Ich fühlte mich stimmlos. Das Stammeln war gewiß kein Trick. Ich konnte nicht anders.
Drei, vier Jahre später wahrscheinlich habe ichs noch einmal mit dem Porträtieren versucht. Es entstand das *Selbstbildnis mit der Rumflasche,* wiederum einerseits ein ziemlich stilisiertes Stück, sehr expressiv, unruhig, fahrig, und zugleich – wenig *mehr* erfahren als der erste Versuch – voller Flüchtigkeit, Verwischtheit, jedenfalls erscheint es mir heute, bald ein Vierteljahrhundert später, so, exotisch verfremdet zudem:

»Trügerisches Bild aus diesen Jahren,
Antlitz, das sich durch die Flasche dehnt
Und ertrinkt im tiefen, wunderbaren
Geisterwasser! Das mit Aschenhaaren,
Schwarzen Zähnen nach dem Mond sich sehnt,
An die Nacht gelehnt!«

Selbstporträt und Nachtstück zugleich, wieder in einem magischen Zirkel von Naturerscheinungen und Naturverfallenheit und persönlicher Hinfälligkeit und Zufälligkeit gesehen, auch dies: ein widerrufbares Bild, momentanes Bild der Selbstvergewisserung, ein nicht ermutigendes Bild und ebenso gespenstisch verzerrt und in der Verzerrung manieriert und müde:

»Augen, blauumrändert, nicht geheuer,
Und das Kinn umschattet schon ein neuer

Stoppelbart, in dem der Staub sich fängt,
Gelber Zucker hängt.«

Es ist die Zeichnung eines Trinkenden aus Abgeschlossenheit, Kontaktarmut und Illusion und hinzukommender Illumination. »Trügerisches Bild«, wie es später heißen wird. Wieder ist vom Nichts die Rede. Das war gewiß nicht lediglich eine modische Floskel jener ersten Nachkriegsjahre. Das hatte Realität, noch auf banalste Weise. Ein betäubtes Bild, wie es sich mir heute zeigt, schwankend in einem merkwürdigen Zwielicht – als eine Art Windlicht flackernd. Leise die Stimme, erstickt, gedrückt.
Zwischen beiden sehr frühen Versuchen und einem aus jüngster Vergangenheit, der meinen letzten veröffentlichten Band abschließt und charakteristischerweise *Sich vergewissern* heißt, liegt eine Entwicklung von gut zwanzig Jahren, liegen Sackgassen, Hoffnungen, Veränderungen, Beharrlichkeit und jedenfalls der Versuch, auf ein Thema zurückzukommen, das wie nichts anderes mit mir, mit meiner physischen und meiner Schreib-Existenz zu tun hatte. Lese ich die drei Gedichte jetzt nacheinander, so sehe ich, daß sich *viel* geändert hat, in der Sprache, in ihrem Duktus, ihrer möglichen Disziplin und Zurückhaltung, ihrer viel größeren Nüchternheit und vermutlich größeren Klarheit, auch deutlicheren Sicherheit, und daß zugleich die Unterschiede der Gesinnung, des Verhaltens beim Porträtierten nicht so erheblich divergieren:

»Ich versuche,
mich zu vergewissern,
daß ich vorkomme.
Im selben Augenblick
gib es mich, bartlos,
mit bleichem Zahnfleisch
hinter der Lippe
und halb geöffneten Augen,

aus Furcht, zu viel
zu sehen, was anders ist
als Haut und Haar,
die sich im Zusehen
verlieren.
Ich bin da. Meine
rechte Hand fällt mir
nicht durch die Tasche.
Ich führe sie über Papier,
um aufzuschreiben,
daß ich lebe.«

Denn einiges ist unverändert geblieben: das Momentane, das Widerrufbare, das Zögern im Erscheinen und eine Art Furcht, zuviel Aufhebens von diesem Erscheinen zu machen. Es ist nichts von einem In-Szene-Setzen zu erkennen, glaube ich sagen zu können, nur diese flüchtige Da-Seins-Umschreibung und Fixierung in einer Handvoll Wörter, die sich zu einem Gebilde zusammenziehen, einem knappen literarischen Text, der solches literarisches Da-Sein festhält. Er wird festgehalten durch die Schreibhand, die – noch – handfest ist, noch konsistent, noch dem Schreibenden zugehörig und ihm zu Gebote, um zu tun, was ihm zu tun als möglich erscheint – zu schreiben, um schreibend zu erfahren, daß der Schreibende – mit seiner physischen wie intellektuellen Existenz – am Leben ist.
Im Grunde ist wohl nicht mehr vom Schreibvorgang zu sagen: eine Sache ohne Aufwand, ein sachlicher Vorgang vor allem, hinter dem die Biographie desjenigen, der schreibt, verschwindet oder doch zurücktritt und uninteressant wird. Ich habe im Laufe der Jahre mich immer wieder aus den Gedichten, die ich schrieb, zurückgezogen. Ich mußte ohnehin sofort nach ihrem Entstehen das, was ich schrieb, sich selber und den anderen überlassen. Natürlich haben sich die Gedichte im Laufe einiger Jahrzehnte erheblich verändert, wie in das Leben dessen, der sie schrieb,

Veränderungen kamen, veränderte Vorstellungen und Absichten, verändertes Vermögen und verändertes Interesse an dem, was entstand, was gelang oder mißlang.
Ich habe mich – denke ich zuweilen – in zunehmendem Maße in Gedichten erleichtert. Ich meine damit, daß ich versuchte, sie und mich von allerhand zu befreien, was ihnen anhing: Bedeutung als Ballast, Tiefsinn als Ballast, Absichten als Belastung. Allmählich gelang es mir besser, daß die von mir im Gedicht bevorzugten Gegenstände ohne die Drastik ihrer Gegenständlichkeit, ohne das Gewicht ihrer Materialität auskamen. Es waren – möchte ich sagen – in Veränderung befindliche Stoffe, Übergänge von einem zum anderen. Und also bewegliche, sich entmaterialisierende Mitteilungen. Von ihrer Stofflichkeit erleichterte, zuweilen über ihr schwebende, balancierende Themata.
Während die ersten Menschen auf dem Mond landeten, sah ich mich dabei, über den menschlichen Körper, seine lebenslangen Funktionen, seine Illuminationen und Illusionen nachzudenken. Ich fand, daß dieser menschliche Körper, angesichts von Robotern, Computer-Intelligenzen und inmitten einer anonymen Massengesellschaft, immer noch ein bemerkenswerter Gegenstand der Auseinandersetzung geblieben war. Der klassische Gegenstand unserer abendländischen Geistes- und Kunstgeschichte immerhin, dieser nach dem Goldenen Schnitt gearbeitete Menschenkörper! Wie seine Anfälligkeit, seine Leiden sich nicht verändern werden, bei allem Fortschritt an hygienischer, an medizinischer Erfahrung, wie ein Karzinom nicht durch das Funktionieren eines künstlichen Himmelskörpers zu widerlegen sein wird, so ist auch das andere, Schönheit, Proportionen, Körper als Skizze gegen das Ungeheure um ihn her, auch gegen das Unbestimmte und den schließlichen Verfall seiner Umwelt geblieben. Es entstand ein Zyklus von fünf Gedichten. Ich nannte ihn *Körper* und versuchte in ihm zu sagen, was ich andeutete. Ich versuchte, ihn in seiner alten Gegebenheit, seiner Mechanik, dem Spiel

der Muskeln, der Glieder, in seinem ganzen vorübergehenden Wesen festzuhalten. Ich versuchte es mit Entfernung, Distanz, so gut das möglich war, mit ironischer Fixierung des nie zu Ende gesagten Einfachen, des Unbeschreiblichen an ihm. Körper als Spielball provisorischer Empfindungen, mit Fluchtversuchen beschäftigt, die die Metaphysik bereit hält, seiner selbst bewußt, aber auch der trägen Verschwörung der Zeit – um ein Wort Chateaubriands aufzugreifen – schließlich erliegend: der menschliche Körper mit seinen Chancen, in seiner Schwäche, kühl, sachlich beobachtet – das schien mir der literarischen Bemühung wert, während die Zeit der üblichen Vergänglichkeit überantwortet bleibt. Ein neues Thema für mich? Ein neues Selbstporträt, am Ende? Ein *altes* Thema, wie gesagt.

(1969)

Interpretationen

Kann der Lyriker sein Gedicht kommentieren?

Zu den literarischen Moden der Gegenwart gehört das immer häufigere Vorkommen der Selbstinterpretation, besonders beim Lyriker. Dem Beobachter scheint die Neigung zur Selbstkommentierung mitunter schon zum Zwang oder doch zu einer bedenklichen Vorliebe und Sucht auszuarten. Das gilt nicht nur für unser Land. Der Hang scheint allgemein verbreitet. Vor allem in angelsächsischen Literaturen ist das seit geraumer Zeit erkennbar. Der Vorgang hat etwas Methodisches. Jedenfalls waltet alles andere als Zufälligkeit. Das Phänomen hat sich nicht überraschend herausgestellt. Es ist die Folgeerscheinung sich verändernder Einstellung, des *anderen* Verhältnisses zwischen Autor und literarischem Produkt. Und dieser Prozeß hat mit dem Beginn der literarischen Moderne ausgangs des 19. Jahrhunderts neue, ihn beschleunigende Kräfte zugeführt bekommen.

Die Meinung, jemand, der eine Erzählung, vor allem aber ein Gedicht geschrieben habe, könne darüber nichts mitteilen, es seien denn einige periphere, man möchte sagen anekdotische Züge, einige Belanglosigkeiten, herrscht weiterhin hartnäckig vor. Sie ist auch nicht unbegreiflich, denn die Dichter haben lange Zeit solche Meinung durch ihr Verhalten gegenüber ihren Hervorbringungen genährt. Sie tun das auch heute noch häufig – auf gewisse Einzelheiten des Produktionsprozesses, des Machens und der inneren und äußeren Umstände derartigen Machens angesprochen –, und es sind keineswegs die schlechteren unter ihnen. Die Befangenheit, der Krampf, das pure Unvermögen, die Tradition an Reaktion, die sich eingefressen hat und von der man sich nicht lösen kann oder will, verhindern immer wieder die Fähigkeit, sich über bestimmte

Hergänge künstlerischer Konzeption klar zu werden oder doch wenigstens den Versuch zu unternehmen, zu dieser Klarheit beizutragen.

Auf solche Weise gerät das, was an einer Kunstleistung *bewußt* getan ist, in Mißkredit. Es wird verdunkelt oder verschwiegen zugunsten der sensoriellen Momente bei dieser Leistung. Das Darübernachdenken, wie ein Gedicht zustande komme, gilt weiterhin als fatal und für den Lyriker gesundheitsschädlich, je nachdem als Mangel an Phantasie oder Seriosität. Es ist bequem, sich zu entziehen, und bestätigt außerdem erwartete Hoffnung, die man in das Verhalten des Poeten setzte, dem man so gern Übereinkunft mit allen Einzelheiten seines Werkes zuspricht anstelle angemessener Distanz und kühlerer Temperierung gegenüber dem, was er produzierte. Solche Vorstellungen hängen natürlich mit Vorstellungen von Autor und Werk zusammen, wie sie sich vor allem im vergangenen Jahrhundert entwickelten, die allerdings seit der Mitte des 18. Jahrhunderts bereits vorbereitet waren und im darauffolgenden ihre bürgerlichen Erweichungen, ihre liberalen Sanktionierungen erfuhren. Sie hängen auch mit dem Ansehen zusammen, das die Erscheinung des Dichters allgemeiner – ausgesprochener wie unausgesprochener – Anschauung nach genoß.

So geriet man allmählich in die unzutreffendsten Ansichten. Was bis ins ausgehende Barock noch selbstverständlich und also auch jederzeit diskutabel war, wurde zu einer Art Tabu. Der »inspirierte« Dichter galt als der schweigende, das heißt Auskünfte verweigernde Dichter, obwohl die Poeten immer wieder sich gegen solche Auslegung ihrer Tätigkeit wehrten. (Schon Baudelaire mußte darauf hinweisen, daß die Orgie nicht die »Schwester der Inspiration« sei. Denn dieser Inspiration konnte man alle dilettantischen, sentimentalen, bösartigen und gedankenlosen Intentionen unterschieben, die sich den Freunden und den Feinden der Literatur wie denen anboten, die sie betrieben.)

Die Spanne zwischen dem schweigenden Dichter und der natürlichen Selbstbestimmung eines Autors scheint groß zu sein. Sie bleibt es, weil inzwischen das »Schöpferische« weiter im Spiel ist und sich an einigen Waghalsigkeiten poetischer Existenz, die zu allen Zeiten bestehen werden, mästet, ebenso an der Bequemlichkeit der Liebhaber wie am Verschrecktsein, an der Scheu oder an der Pose der »Praktiker«.

Das Natürliche an der Äußerung in eigener Sache und zu dieser ist – wie gesagt – das Faktum, daß sie durch jemanden vorgebracht wird, der Erfahrungen hat, der *praktisch* mitteilen kann, wie es zur Hervorbringung eines poetischen Textes, eines Gedichtes kam, und was dieses Gedicht »meinen« oder nicht meinen könne, wie weit es überhaupt etwas mit Meinung zu tun habe, und so fort. Was dabei zustande kommt, als Mitteilung, als Kommentar, als Postscriptum sozusagen, zeigt den Reiz besonderer Mischung: die Verbindung von höchst Subjektivem mit allgemein Zutreffendem. Selbstverständlich hat jede Äußerung über die eigene Tätigkeit Grenzen, läßt Trugschlüsse, Fehleinschätzungen erkennen. Sie ist unter Umständen preziös statt präzis, überheblich statt vorsichtig. Die Gelegenheit zum Hervorkehren aller schriftstellerischen Untugenden, aller Unleidlichkeiten, die Autorschaft in sich birgt, ist jedenfalls gegeben. Aber die Tatsache als solche: die Äußerung, die Stellungnahme ist schon – in ihrer *Notwendigkeit* – ein Gewinn. Denn mit der Auskunftsverweigerung – aus welchen Gründen immer unternommen – ist ein delikater Vorgang und ein rarer Gegenstand, ein Gedicht, vollends in Gefahr, als Geheimmittel empfunden zu werden, das sich Sensitive leisten, um gewissermaßen unter sich zu bleiben. Die vielen weißen Stellen, die nach wie vor zur Konzeption von Dichtung gehören und die auch eine gewissenhafte philologische Exegese nicht oder nur ungenügend – nachträglich – aufzuheben vermag, bringen diese Konzeption um ihr Ansehen: um jenes Ansehen, ein Akt des Zusammenschießens trainierter sensorieller *und* intellektueller Fähigkeiten zu sein.

Die verblasene Vorstellung vom Schöpferischen entwertet das geschilderte Phänomen, indem sie es sentimentalisiert. Sie hat Ähnlichkeiten mit einem Flüstern hinter der vorgehaltenen Hand, das es nicht wagt, die Stimme zu erheben und es vorzieht, sich in einem Zwielicht zu bewegen, das undurchdringlicher ist als die Tiefe der Nacht. Solchem Flüstern mag die Kommentierung eigener Arbeit als Pervertierung erscheinen. Aber der Kommentar ist für den Autor ein Beitrag zu einem Handwerk, das trotz aller Verlautbarung noch schwierig und haarsträubend genug bleibt und in der Tat die Möglichkeiten zum Widerruf, zum Versteckspiel mit sich selber, zur Paralysierung in sich trägt.

Aber es sollte zum »alten Wagnis des Gedichts« (Oskar Loerke) gehören, daß der Poet es wagt, über das Abenteuerliche seines Unterfangens nachzudenken und dieses Abenteuer sich nicht über den Kopf wachsen zu lassen und ein mehr oder minder »benommenes« Verhältnis zu dem beizubehalten, was er betreibt. Diese Besinnung aufs eigene Gedicht muß nicht gleich mit einer Behendigkeit, die sich alles anverwandelt, um es weiterzugeben, verwechselt werden, die ohnehin nicht zum poetischen Metier gehören kann, weil ein Lyriker, der dabei ist, sich zu profilieren, dies nur mit Geduld, Standfestigkeit und der Kühnheit der Gelassenheit gegenüber möglichen Behinderungen fertigbringt. Die Beobachtung der eigenen Arbeit ist weder ein ästhetischer Teeschwatz (der ohnehin längst ausgestorben ist) noch Exhibitionismus, vielmehr der redliche Versuch, hinter einige Umstände zu kommen, unter denen sich bei ihm ein literarischer Text herstellen läßt.

Wer vom Augenblick der Konzeption eines Gedichtes den Vorgang vor Augen behält, sollte auch angesichts des zustande gekommenen Textes keine Hemmungen haben, ihn in seiner Herkunft, in seiner kleinen persönlichen Geschichte, die er hat, zu entwickeln, das heißt, an die Kommentierung des Gebildes zu gehen. Er hat von vornherein den genealogischen Prozeß erinnernd zur Verfügung und kann nun die Interpretation so weit treiben, so weit sie sich überhaupt erschließen läßt. – Wir haben für diese Art des Vorgehens unter zeitgenössischen Lyrikern zahlreiche Beispiele, darunter einige hervorragende wie Enzensbergers *Die Entstehung eines Gedichts,* Wilhelm Lehmanns inzwischen klassisch gewordene Selbstauslegung gleichen Titels *Entstehung eines Gedichts.* Es handelt sich um die Wiedergabe der Umstände der Entstehung des Gedichts *Früchte* aus seinem Band *Entzückter Staub.* Lehmann stellt seinen Äußerungen ein Jean-Paul-Zitat voran (das zugleich ein Stichwort für Auseinandersetzung mit seiner Arbeit gibt). Die Namen anderer Autoren wären zu nennen, etwa Wolfgang Weyrauchs minuziöse Rekonstruktion seines Gedichtes *Atom und Aloe,* der er den zur Berühmtheit gelangten Titel *Mein Gedicht ist mein Messer* gab. Ich denke auch an die wichtigen Auslassungen eines lyrischen Methodikers wie Helmut Heißenbüttel die er *Voraussetzungen* nennt. Von Klaus Bremer bis Poethen und Piontek, von Herbert Heckmann (*Zur Biographie eines Gedichts)* bis Günter Grass kann man nachlesen, was an Beurkundungen zu einem aufregenden Thema zusammengetragen wurde.

Was bei alledem festgehalten wurde, ist kein literarischer Kanon, auf den es auch nicht ankommt. Es sind aber nicht lediglich Aspekte, bestimmt begrenzte Blickpunkte, die wiedergegeben sind. Über den individuellen Ansatz hinaus, spürt man die gemeinsame Anstrengung, die dem Gedicht als Gedicht zugute kommt, es aus manchem Versteck, manchem Schmollwinkel, manchem dunklen Dickicht an ein Licht zu holen, unter dem es bestehen soll, ohne etwas von seinem eigentümlichen Leben, von seinem empfindlichen Dasein aufgeben zu müssen. Wie sehr es Sensibilitätsprodukt ist und bleiben wird, mögen gerade Deutungsversuche jüngster Vergangenheit dem Liebhaber des Gedichts gezeigt haben, die es nicht mit hurtigen Formulierungen bewenden ließen, sondern so exakt und so behutsam, so unmißverständlich und so diskret, wie es angeht, dem Leser Beiträge zur Phänomenologie des Gedichts unserer (und jeder) Zeit lieferten. Dieses Gedicht ist dabei nirgends zu Schaden gekommen. Es hat nicht nur nichts von seiner hinlänglichen verbalen Schönheit eingebüßt, sondern solche Schönheit ist durch die Beschäftigung mit ihrer Physiognomie bestätigt worden. Sie bleibt nicht nur dadurch unantastbar, daß man sie in Zauberwolken hüllt. Ihre Unverkehrbarkeit stellt sich gerade bei eindringlicher Erforschung heraus. Sie braucht sich nicht zu entziehen. Sie hält stand wie das Gesicht eines Menschen, wenn es Bedeutung hat, seiner Erforschung standhält.

(1963)

»Celine 1/2«

Gedichte können auf verschiedene Weise zustande kommen. Die Möglichkeiten sind hier so zahlreich wie die Umstände und wie die Temperamente der Autoren. Selbst bei demselben Autor kann man sich meist nicht ein für allemal festlegen, wie bei ihm ein Gedicht entstehe. Was ich von Kollegen und Freunden weiß, gilt ebenso für mich. Ich habe erlebt, daß die Konzeption eines Gedichts ganz unvermutet erreicht war, gleichsam nach der Art eines literarischen Überfalls, eines Handstreichs durch die sensitive Bereitschaft, die freilich zum Entstehen von Versen gehören muß, die die Voraussetzung schafft, diese merkwürdige Wachheit, eine Klarheit und Nüchternheit, die – wenigstens bei mir – nichts mit einer Euphorie, einem – wie immer gearteten – Rauschzustand zu tun hat. Ich habe bei mir die Erfahrung gemacht, daß ein klarer Kopf den besseren Einfall hat. Daher auch meine Vorliebe für die Arbeit am Vormittag. Die nüchternen Stunden bis zum Mittag bringen mir eine Präzision, die sich in der zweiten Tageshälfte gewöhnlich wieder verliert und abends nicht selten völlig verwischt.

Aber neben dem Überfall, dem raschen Zugriff, der zum Entstehen eines Gedichts verhilft, findet sich auch eine andere, verschwiegenere, unbewußt von langer Hand vorbereitete Weise des Niederschreibens. Es sind die Gedichte, die eine Vorgeschichte haben. Die einen – als Möglichkeit, als Entwurf – über einen gewissen Zeitraum begleitet haben. Gedichte, die warten können. Gedichte ohne Eile und Überraschung, die darum auch nicht beunruhigen. Gewissermaßen geduldige Gedichte. Es ist schwer zu sagen, weshalb es mir mit dem einen Gedicht wie beschrieben, mit dem anderen durchaus anders ergeht. Es gibt offenbar keinen Kanon von poetischer Erfahrung. Das heimliche Abenteuer des Schreibens liegt wohl gerade in dem Unerrechenbaren.

Das Gedicht, um das es mir heute geht, hat eine längere Entstehungsgeschichte. Um es vorweg zu nehmen: Es handelt sich um zwei Stücke, die einander ergänzen und jedenfalls außerordentlich aufeinander angewiesen sind. Die ohne einander nicht leben könnten. Sie heißen *Für Celine, vor Zeiten gestorben* und wurden während zweier Spätsommertage vor mehr als zehn Jahren, genauer: in der Augustmitte des Jahres 1955 niedergeschrieben. Sie gehören zu den sehr wenigen Gedichten von mir, die eine bestimmte Ortsangabe tragen: »Engesohde, Hannover« nämlich.
Man muß wissen, daß es sich hier um einen hannoverschen Friedhof handelt, den schönsten der Stadt, und sicherlich um einen der schönsten, die ich in meinem Leben sah. Ein stiller Totenpark. Zwei Generationen meiner Familie sind nun auf diesem Engesohder Friedhof gebettet, den ich von klein auf kannte und im Laufe meiner jungen Jahre unzählige Male besuchte, als Kind zuweilen täglich, da wir von ihm nicht weit entfernt wohnten.
Die Erinnerung an einen der schweigenden Orte meiner Kindheit ist mir später manchmal unter höchst veränderten Lebensaugenblicken gekommen. Als ich vor Jahren in Paris lebte, wurde mir die Engesohde jedesmal gegenwärtig, wenn ich das mächtige Portal der damaligen UNESCO-Residenz in der Avenue Kléber passieren mußte. In dem von Vogellosung fleckigen, riesigen Hotelgemäuer gurrten Taubenvölker, die sich auch nicht von der Geschäftigkeit des Kommens und Gehens vertreiben ließen. – Ich sah plötzlich die rufenden Tauben am Eingang jenes Friedhofs und hörte sie wieder durch die Bäume und Ziergebüsche streifen, langsamen Fluges, in der Mittagshitze. Unwillkürlich sah ich mich wieder an der Hand meiner Großmutter, die Gießkanne tragend, die gewissermaßen entrückte Landschaft betreten: diese eigentümliche Parkszenerie mit ihrem duftenden, immer gepflegten Rasen, den Wassersprengern, den glühenden Blumenfarben, die mit der

Jahreszeit wechselten und immer anders leuchteten und dufteten. Nur der strenge Taxusgeruch blieb, während die Betäubung, die von den Azaleenwildnissen ausging, sich so rasch wie ein heißer, windstiller Sommertag in Norddeutschland verlor. Während Heliotrop und Fuchsia, Tränendes Herz und alle Arten Rosen, Astern und Chrysanthemen mit den Monaten vorüberschwebten und in einer einsamen Luft vergingen, die den Gärtnern, den Trauernden und wenigen Passanten gehörte und unter der ruhiger geatmet wurde.
Unsere Besuchszeit war oft die frühe Morgenstunde, in der der Friedhof kaum begangen war. Im hohen Frühling lebte die Stille auf in den Gebüschen voller schlafloser Nachtigallen, in Kuckucksterzen und unter den melancholischen Regenstimmen der großen Singdrosseln. Das Leben der Kreatur triumphierte über den Grabsteinen mit ihren vielen, stillen Schläfern. Es schien den Tod besiegen zu wollen, die Zeit, das Vergehen der Körper, der Empfindungen und Gedanken. Der Parkcharakter war nie so stark ausgeprägt wie in solchen Stunden, in denen das Licht und die Vogelstimmen herrschten.
An einer – trotz der Nähe zum Haupteingang – versteckt gelegenen Stelle des Friedhofs, die darum leicht übersehen wurde, befand sich eines der wenigen älteren Gräber, eineinhalb Jahrhunderte alt: das Erbbegräbnis einer Patrizierfamilie. Unter den Namen, die man auf ihm lesen konnte, derjenige einer Jungverstorbenen: CELINE. Dieser Mädchenname – himmlisch ungebräuchlich geworden und aus der Mode gekommen –, stark verwittert, von der Zeit verletzt, beinahe unleserlich geworden (nur mit Mühe ließen sich die Geburts- und Sterbedaten entziffern), ein lange verschollenes, ein vollkommen entferntes Leben, bewegte früh die jugendliche Phantasie. Die Einbildungskraft ließ nicht ab von mir: Soviel später, als ich längst Gedichte zu schreiben begonnen hatte, als ich Schriftsteller geworden war und für ein paar Jahre noch einmal in der Stadt meiner

Geburt Wohnung nahm. So entstanden die zwei Gedichte.

Ich frage mich heute gelegentlich, ob das damals ein sentimentaler Vorgang gewesen ist. – Das Gedicht, seiner Beschaffenheit nach, gibt wohl andere Auskunft. Gewiß hatte ich – als ich es schrieb – diese sehr private Beziehung zum Thema, zum zarten Gegenstand. Aber zugleich versuchte ich mit den beiden *Celine*-Gedichten über den Zufall einer persönlichen Beziehung hinauszukommen und so etwas wie ein Porträt zu geben, das Bild eines jungen Menschenwesens aus alter, vergangener Zeit, zudem eine literarische Stelle für ein bis auf seinen Vornamen ein für allemal für mich namenloses Geschöpf aus einer bestimmten, versunkenen Epoche, deren Wesen ich auf diese Mädchen-Individualität übertrug. Das alles sollte gehalten werden von einer Umwelt, der Garten- und Parkschönheit des Friedhofs Engesohde zu Hannover.

Ich wollte die jugendlich Verstorbene in eine gleichsam durchhellte, leichte, schwebende Umgebung versetzen, in eine Welt, wie sie zu der Zeit ihres Erdenwandels gehört haben mochte, Welt des 18. Jahrhunderts, Zeitalter des Lichtes, der durchdringenden oder graziösen Vernunft, des hellen Geistes, der die Geisterseherei verabscheute. Das alles wollte ich auf die wenigen Linien eines Gedichts zusammenziehen. Es konzentrieren auf einige Strophen, die sich mir dann zu einer kurzen Folge von zwei Gedichten erweiterten.

Ich wollte Celine, die vor Zeiten gestorben war, einige Augenblicke lang im Gedicht gegenwärtig machen. Sie zurückrufen, als wäre ihr Tod nicht wie jeder Tod unwiderruflich gewesen. Ich wollte sie zum jungen Mädchen *jeder* Zeit machen, ohne doch dabei zu vergessen, daß sie einer bestimmten Epoche angehört hatte. Zwei Jahrhunderte sollten in dieser Gedicht-Erscheinung aufeinandertreffen, und mehr als dies: Sie sollten eines werden, verbunden in der geistigen Unschuld des poetischen Bildes, das ich entstehen

ließ, das durch ein paar Worte, eine Anzahl Zeilen gehalten und »garantiert« wurde. So wurde Celine zugleich momentanes Wunsch- und Luftbild und kurze Realisation, Verkörperung in Bewegung geratener, kombinierender Phantasie, die das Unmögliche nicht kannte.
Zustande kamen insgesamt dreizehn vierzeilige Strophen, die sich auf zwei Gedichte von sieben beziehungsweise sechs Strophen verteilten, aber im Grunde durch die zwei leicht voneinander abgehobenen Stücke liefen. Sie gaben die zierliche Metamorphose wieder, die Celine im poetischen Prozeß durchzumachen hatte, die Verwandlung ohne Tod und Trauer, ohne Vergänglichkeit und Vergeblichkeit:

»Deine Hand aus dem Grase,
Dein Gesicht grüner Rauch!
Und es schwebt eine Vase
Alten Dufts auf dich zu.

Ein Atemzug Süße.
Ohne Schatten dein Grab.
Und die Spur deiner Füße
Steht im Wasser der Luft.

Deine Augen, Celine:
Blauer Tau überm Laub,
Der die Flügel der Biene
Mit Vergänglichkeit netzt.

Seit wie lange gestorben,
Mund, von Hölty erdacht:
Nun von Grillen umworben
Unterm zierlichen Licht.

Zwanzigjährig Betörte
Von der Stimme aus Glas:
Cimarosa erhörte
Dein Geflüster bei Nacht.

Deine Wimpern aus Asche
Schlagen leicht überm Staub,
Wenn durch Rasen die rasche
Vergessenheit dringt.

Und, Celine, erfunden
Von den Geistern für mich:
Heißes Leben, sekunden-
Lang jung ohne Tod.«

So lautete das erste der Celine-Gedichte. Vielleicht das Spiel mit einem Schatten. Sicherlich aber der Versuch der Materialisation von etwas durchaus Immateriellem, der Verkörperung des Körperlosen, des Geist und Erinnerung Gewordenen, das ich dem Vergessen zu entreißen trachtete, für einen »Atemzug Süße«, mit Hand und Mund, mit Augen und der Spur der Füße in der leichten Luft: das liquide Bild einer kleinen, poetischen Todlosigkeit, inmitten von Rasen und Grillen, »erfundene« Erscheinung der Einbildungskraft, und zugleich Wesen, Person geworden, und zu anderen Personen, dichtenden, musizierenden Zeitgenossen ihrer zwanzig Lebensjahre, in Beziehung gesetzt, von denen ich meinte, daß sie sich von ihnen hätte »betören« lassen können, daß sie von dem Zauber ihrer Persönlichkeit, ihres dichterischen oder musikalischen Werkes berührt worden wäre.
Allerdings nannte ich den wie Celine jung verstorbenen Dichter des Göttinger Hainbunds, ihren hannoverschen Landsmann Hölty, lediglich, um der Zärtlichkeit ihres Umrisses, um dem poetischen Schnitt ihres Mundes zu dienen, der solange schon, zusammen mit Hand und Auge, mit den Mädchenwimpern Asche geworden war. Ich stellte mir die jugendliche Celine als eine Erfindung des empfindsamen Dichters der *Mainacht* vor, wie sie sich schließlich selber bei mir im Gedicht eingefunden hatte: als eine kurze Erfindung der »Geister« der Einbildungskraft, erfunden als

»heißes Leben«, »sekundenlang jung ohne Tod«, wie es am Schluß des ersten Gedichttextes hieß.
Dieses »heiße Leben«, wie ich es empfand, war nichts anderes als die von meiner erinnernden Phantasie hervorgerufene, unmittelbare Gegenwärtigkeit, doppelt intensiv erlebt, weil sie nur »sekundenlang« dauern konnte, eine sehr kleine Weile also, ein paar Herzschläge lang. – Gegenwärtigkeit, wie sie von der blühenden und duftenden Totengarten-Welt ausging, der besonders das zweite Celine-Gedicht galt, während sie hier im ersten Poem noch an einer anderen Stelle in ihre Lebenszeit zurückversetzt wurde: durch jene Betörung durch die »Stimme aus Glas«, durch die Erhörung ihrer Sensitivität durch einen weiteren Zeitgenossen, den italienischen Komponisten Domenico Cimarosa, berühmt geworden seinerzeit durch seine überall gespielte Oper *Die heimliche Ehe,* die 1792 im Triumph im Wien des Kaisers Leopold uraufgeführt wurde. Cimarosas bewegliche, zärtliche, liquide Musik, diese graziöse »Stimme aus Glas« der italienischen Opera buffa.
Dem ersten Celine-Gedicht folgte – wie gesagt – zwei Tage danach ein zweites. Es lautete:

»Die Singdrosselkehle,
In die du geschlüpft,
Steht überm Geschwele
Des trockenen Laubs.

Es spricht mit den Tauben
Der Mittag. Gib acht!
Er wird dir nicht rauben
Die Nelke, die weht,

Die reifenden Nüsse,
Den wandernden Strich
Des Schattens und Küsse,
Celine, aus Gras!

Im Blau beieinander,
Im Vorhang von Wind,
Sind Hero, Leander
Verzückt und dir nah.

Du zeigst dich inmitten
Der Münze der Luft
Mit Gliedern, geschnitten
Zerbrechlich ins Grün:

Ein Bildnis, das zwischen
Den Fingern verrinnt
Und schwebenden Fischen
Im Blätterlicht gleicht.«

In diesem zweiten Text war – wenn ich von dem Liebespaar des griechischen Mythos, von Hero und Leander, absehe, die ich in der vierten Strophe erscheinen lasse – vor allem die sommerliche Park- und Friedhof-Szenerie wiedergegeben, mit melodischer Singdrosselkehle, von der Hitze trokkenem Laub, mit Nelke und reifender Nuß und dem wandernden, schmalen Schatten sowie den anfangs erwähnten Tauben, mit denen – wie es heißt – »der Mittag spricht«. – Celine ist eins mit diesem Milieu, eins mit der Vogelkehle und der sommerlichen Vegetation, dem ein momentanes erotisches Element beigegeben worden ist: wie hingetupft, und unterstützt durch die Anspielung auf die beiden Liebenden der antiken Sage. Diese erotische Andeutung sollte, auf ihre Weise, jenes »heiße Leben« durchaus zeitloser, bis ins Altertum zurückreichender Gegenwärtigkeit auszudrücken versuchen. Sie sollte zur zierlichen Anwesenheit des Mädchen-Geschöpfes namens Celine beitragen, eines zwar längst gestorbenen, gleichzeitig aber für mich – für die Dauer der beiden Gedichte – veränderten Wesens.
Das endende Gedicht – die beiden letzten Strophen – bieten nochmals die »zerbrechliche« poetische Erscheinung auf,

umgeben von Luft und Grün, »ein Bildnis, das zwischen den Fingern verrinnt«. Mit anderen Worten: eine literarische Schöpfung, der man ihr momentanes, leichtes, entrücktes Dasein inmitten einer bestimmten Lokalität lassen muß. Die man sich nicht anders als auf Widerruf denken darf, aber gerade aus ihrer Widerrufbarkeit heraus ungemein einleuchtend – wie Revenants einleuchtend sind in ihrem Kommen und Gehen. Sie sind die Gäste unseres Fühlungsvermögens, Gäste einer ebenso verletzlichen wie beharrlichen Imaginationsfähigkeit.

(1966)

»Der Augenblick des Fensters«

»Jemand schüttet Licht
Aus dem Fenster.
Die Rosen der Luft
Blühen auf,
Und in der Straße
Heben die Kinder beim Spiel
Die Augen.
Tauben naschen
Von seiner Süße.
Die Mädchen werden schön
Und die Männer sanft
Von diesem Licht.
Aber ehe es ihnen die anderen sagen,
Ist das Fenster von jemandem
Wieder geschlossen worden.«

Das Gedicht wurde 1955 geschrieben. Ich wollte damals – wie später häufig – zweierlei zur Sprache bringen: das Anonyme und das Momentane. Jedermanns Tun hat eine ganz bestimmte Faszination, solange dieser Jedermann mit dem »Spurenelement« Individualität noch behaftet bleibt, solange er nicht völlig in ein Nichts an Dasein aufgegangen ist.

Der »Jemand« des vorliegenden Gedichts ist von solcher Wesensart. Es gibt ihn gerade noch als einen, der in der Lage ist, etwas durchaus Ungewöhnliches zu tun: Licht aus dem Fenster zu schütten nämlich, also durch eine ebenso winzige wie schnell vollzogene »Tat« Aufmerksamkeit zu erregen und aus der Unauffälligkeit seiner Quasi-Anonymität herauszutreten, um dann freilich in ihr wieder nach dem Abschluß des Vorgangs, der Gedicht-Handlung, unterzutauchen. Solch ein Vorgehen des fast namenlosen Täters

müßte – für den Augenblick – etwas sichtbar oder hörbar machen, so beabsichtigte ich. Es sollte eine Tat der einfachsten Kategorie, der unmittelbaren Überzeugungskraft werden, wie sie von sinnlicher Wahrnehmung registriert wird: von Auge oder Ohr oder tastender Hand. Das aus dem Fenster geschüttete Licht ist von dieser – freilich poetischen, der zwar unvorbereiteten, aber empfindlichen, gespannten Sensitivität angemessenen – Art.
Sensitivität macht das Überraschende des Vorgangs zu etwas Selbstverständlichem. Aber auch zu etwas, das Folgen hat. Diese »Folgen« werden während des kleinen Gedichts mitgeteilt. Der Gedichtablauf bringt sie – über die Mitteilung hinaus – zur Darstellung: – die Luft blüht auf, das, was an dieser Luft, in diesem Augenblick, an solchem Tage, blumenhaft, zärtlich-sinnlich, vegetativ ist, florierend in der alten, bevorzugten Blume der Dichtung. – Nicht nur die Luft wird erfaßt und ihre innige Aura. Die heranwachsenden Menschen – mit der spontanen Empfindlichkeit und Empfänglichkeit ihres Verhaltens – werden aufmerksam:

»Und in der Straße
Heben die Kinder beim Spiel
Die Augen.«

Der Licht-Augenblick erregt die Kreatur:

»Tauben naschen
Von seiner Süße.«

Menschen werden von Veränderung erfaßt. Sie erreichen unter ihrer Einwirkung gleichsam ihre sensibelsten Möglichkeiten. In dieser Sensibilisierung ist eine – sehr leichte, doch spürbare – Erotisierung erkennbar: sozusagen als »Air«, als Fluidum des Momentanen, als Anflug:

»Die Mädchen werden schön
Und die Männer sanft
Von diesem Licht.«

Das alles huscht durch zehn der insgesamt 15 Gedichtzeilen, von denen die beiden ersten die zierlichen Reaktionen der Atmosphäre, von Tier und Mensch, vorbereiten und ermöglichen. Von ihnen abgesetzt sind dann die drei letzten Zeilen des Gedichttextes, eingeleitet von jenem »Aber«, das aus den liquiden und intimen Folge-Erscheinungen des Vorgangs am Fenster, den ein Anonymus auslöste, aufschreckt. – Niemand findet Zeit, um sein Entzücken, den zarten Wirbel Veränderung, der ihn erfaßt hat, weiterzugeben. Die Flüchtigkeit des Vorgangs verhindert das. Den Wahrnehmenden wird diese bescheidene Zeit nicht gelassen, die dazu gehört, um sich mitzuteilen. Um zu bedeuten, was ihnen geschehen ist. Um sich zu erklären. »Die anderen«, die die Veränderung als Zeugen ansehen, kommen nicht dazu, den Mädchen, den Männern, den spielenden Kindern das eigentlich Außergewöhnliche dessen, was ihnen widerfuhr, zu erklären: »(. . .) ehe es ihnen die anderen sagen (. . .)« Sie kommen deshalb nicht dazu, weil der Minuten-Vorgang bereits beendet ist. Der Jemand verschwindet wieder aus dem Bild. Er verschwindet von der Szene, indem er das offene Fenster wieder schließt: rasch und offenbar sogleich endgültig. – Das Ganze liegt beinahe schon wieder zurück: als Geschehen, das einer schnell anwachsenden Vergangenheit angehört, einer Vergangenheit, die die Endgültigkeit nach sich zieht.

(1966)

»Neues Wesen«

»Blau kommt auf
wie Mörikes leiser Harfenton.
Immer wieder
wird das so sein.
Die Leute streichen
ihre Häuser an.
Auf die verschiedenen Wände
scheint Sonne.
Jeder erwartet das.
Frühling, ja, du bist's!
Man kann das nachlesen.
Die grüne Hecke ist ein Zitat
aus einem unbekannten Dichter.
Die Leute streichen auch
ihre Familien an, die Autos,
die Boote.
Ihr neues Wesen
gefällt allgemein.«

Schreiben ist für mich eine besondere Art, mich in Leben, Umwelt, Gegenwart wie Vergangenheit zurechtzufinden. Gedichte sind zunächst Produkte augenblicklicher Verfassung, Konzentration, Klarheit, Nüchternheit, eines momentanen Erinnerungsvermögens. Übrigens ist das Schreiben ebenso Übungssache wie vieles andere. Das Handwerkliche an ihm, das es gibt und geben muß, um es zu beherrschen, ist nur durch die häufige Übung, ich möchte sagen: durch Training mitgarantiert. Natürlich gehört zunächst die Fähigkeit, die Anlage, das Talent, die genügende Empfindlichkeit, Aufmerksamkeit gegenüber den Wirkungen dazu, die von Worten ausgehen. Denn – so verstanden – ist ein Gedicht ein Produkt, in dem Worte zueinander in einen bestimmten, nicht nur logischen, nicht nur syntaktischen Zusammenhang gebracht werden. Das muß nicht unter Aufgebot seltener Vokabeln und entlegener Bilder geschehen. Anfangs habe ich sehr bilderreich geschrieben. Es waren sehr häufig Bilder, die ich aus dem Naturbereich, aus der Landschaft und dem Wandel der Jahreszeiten genommen habe und die ich für meine Zwecke im Gedicht einander zuführte. Immer wieder habe ich gegenständlich gefühlt und gesehen und damit auch geschrieben. Das Abstrakte schien mir in den Zeilen eines Gedichtes weit weniger wichtig als die Mitteilungen sinnlicher Wahrnehmungen, also die Aussage über etwas, was im Grunde jederzeit vor Augen und damit – vielleicht – auch »einzusehen« ist. Zu diesem Einzusehenden gehören alltägliche Vorgänge, Kleinigkeiten, etwas, das unbemerkt verläuft, gleichwohl da ist. Es sind die Dinge, die Gegenstände, die Mitmenschen, von denen man nicht nur umgeben ist, sondern die einen selber mitbestimmen, beeinflussen durch bloße Anwesenheit und stille, zuweilen zähe Wirksamkeit, die sie entfalten, die von ihnen ausgeht. Die großen Ideen, die eine Epoche bestimmten und mitunter verheerten, waren mir als Themenkreis nicht geheuer. Das mag in einem Roman, in einem Drama zur Darstellung kommen. Das Gedicht hat – jedenfalls für meine Vorstellung – zunächst einmal eine bescheidenere Aufgabe, die indessen durch Intensität, durch Nachhaltigkeit unvergleichlich wird. Man kann mit einer Handvoll Worten vieles sagen, andeuten (auch im Aussparen – als einem möglichen Stilmittel – ist vieles sichtbar, fühlbar zu machen), auf vieles hinführen, das Augenmerk heften, die Augen öffnen: man kann über die Beziehungen der einzelnen Menschen untereinander und in der Gesellschaft, von ihren Hoffnungen, ihren Befürchtungen, ihrer Liebesfähigkeit zum Ausdruck zu bringen versuchen, was unter Umständen nur auf dem engen Raum so wirksam wird, wie ihn das Gedicht bietet. Auf den engen Raum, den raschen Ablauf muß freilich von vornherein alles abzielen und eingerichtet sein. Ein Gedicht läßt keine Weitschweifigkeit zu. Es kommt ganz schnell zu dem, was es sagen will – wenn es geglückt ist.

Solche Überlegungen geben gewissermaßen den Hintergrund ab zu vielen Gedichten von mir, besonders in den letzten Jahren, in denen ich versuchte, mich immer einfacher auszudrücken. So auch in dem Text *Neues Wesen*. Es ist ein Frühlingsgedicht und entstand an einem Vorfrühjahrstag des Jahres 1967. Was ins Gedicht genommen wurde, ist die Atmosphäre von Veränderung, die von einem Tage zum nächsten aufkommt. Das veränderte Verhalten der Leute, der Nachbarn, die neue Aktivität, das neue, erneuerte Vergnügen an diesem und jenem, an Notwendigkeiten, die gestern noch nicht einzusehen waren, heute aber – buchstäblich – in der Luft liegen und getan werden. In dieser Luft freilich steckt auch Erinnerung, so an die Zeilen aus einem alten Frühjahrsgedicht von einst, geschrieben von dem schwäbischen Dichter Eduard Mörike im vergangenen Jahrhundert. Die ersten zwei bis vier Zeilen des Gedichts sind eine Anspielung auf diesen Text von früher, Anspielung auf den »leisen Harfenton«, von dem in Mörikes Gedichte die Rede ist. Dann aber wird die Gegenwart und *dieser* Frühling, der ausbricht, über Nacht, mächtig: die neue Lust am Dasein, am Tag, am Licht, an der Sonne, die auf die verschiedenen Haus-, Zimmerwände anders zu fallen scheint als noch gestern: freundlicher. Die Menschen können nicht gelassen bleiben, nicht zusehen. Sie müssen etwas tun: ihre Häuser neu streichen. Später wird man diese Aktivität auch noch ironisch behandelt finden: die Menschen legen sozusagen Hand an alles, das zu ihnen gehört. Sie basteln an ihren Autos wie an ihren Familienbeziehungen. Sie wollen noch einmal ganz von vorn anfangen mit sich, mit ihren Gefühlen, ihren Verhältnissen, mit ihren Nächsten, die um sie sind.

»Jeder erwartet das«, heißt es im Text. Es wird immer wieder so sein. Es gehört dazu. Unruhe kann etwas Ziel-

loses haben und kann ansteckend sein. Man sieht belustigt zu, merkt vielleicht gar nicht, daß man selber bereits einbezogen ist und genauso reagiert. »Frühling, ja, du bist's«: ein Zitat aus Mörike. Das wird – indirekt – bereits in der folgenden Zeile ausgesprochen: »Man kann das nachlesen«, das heißt: so ähnlich war das schon immer. Menschen werden einander, über die Generationen, in bestimmten Verhaltensweisen, immer ähnlich sein, werden von ähnlicher Frühjahrsunruhe gepackt. Noch die grünen Hecken, die Gartenhecke, wirkt bekannt, ist wie schon früher einmal von jemandem so gesehen und ausgesprochen. Alles war schon einmal über Nacht geschehen: im vergangenen Frühjahr wie im Frühling vor hundert Jahren, trotz der enormen Veränderungen, die die Menschen inzwischen vorgenommen haben, mit sich, mit der Landschaft, mit ihrer nächsten Umwelt, ihrem Milieu. Der alterslose Frühlings-Augenblick also gewissermaßen, der hier erkannt und im Gedicht mitgeteilt wird, nicht ohne eine bestimmte Belustigung darüber, daß Gefühle, Verhaltensweisen wie Atmosphäre, wie das Blau des Himmels aus der ersten Gedichtzeile gleichsam »vorgefertigt« waren im Bewußtsein.
Dieser vergnüglichen Entdeckung, die man eher eine Erfahrung nennen sollte, die sich hier erneuert, sind die letzten vier Gedichtzeilen vollends gewidmet. Der Text überläßt sich solcher – ich möchte sagen – frohgemuten, optimistischen, unkomplizierten Stimmung, diesem Gefühl, dabei zu sein, wie das erste warme Wetter, das erste blaue Himmelslicht die Menschen den Winter vergessen läßt, indem sie tun, was sie tun *müssen,* geradezu als Zwang. Und – bei beibehaltener leichter Ironie, die sich mit solchem Tun solidarisiert – bringen die beiden abschließenden Textzeilen noch einmal das Gesamt»klima« des Gedichts zur Sprache: ganz schlicht:

»Ihr neues Wesen
gefällt allgemein.«

Die Textstelle gab dem Ganzen seinen Titel: *Neues Wesen*. Denn in diesem Titel ist – wie ich glaube – das zusammengefaßt, auf das es mir im Gesamtablauf des Gedichtes ankam: Veränderung, neuer Mut, neue Initiative, neues Wesen nach dem Dunkel, der Mühsal winterlicher Wochen und Monate.

Wenn ich sagte, daß das Gedicht *Neues Wesen* an einem Vorfrühlingstag des Jahres 1967 entstanden ist, so käme ich – beim Nachschlagen in tagebuchähnlichen Notizen – zu der Feststellung, daß der Text bereits im späten Januar, an einem Sonntag, zustande kam. Man schrieb den 22. Januar, und das Notizbuch sagt einiges zur Atmosphäre dieses Datums. Es vermerkt: »Feucht mild, wechselnd bewölkt.« Wenig später: »Freundliches Nachmittagslicht für Spaziergänger. Pflaumenweiche Dämmerung. Rosa und blaue Töne.« Solche Dämmerung gibt es nach derartigen Tagen hierzuland, am Rande der Bergstraße. Es sind Tage, die der Jahreszeit weit vorauseilen, Tage der föhnigen Aufheiterung, in Unruhe versetzende Tage. Ich kann nun allerdings nicht mehr genau die Tageszeit rekonstruieren, zu der der Text geschrieben wurde, vermute aber die zweite Tageshälfte, da zuvor – wie ich meinem Notizbuch entnehme – ein anderes kleines Gedicht geschrieben worden war. Es ist nicht selten so, daß das eine Gedicht das nächste herausfordert und jedenfalls bedingt. So möglicherweise auch an jenem Schönwettersonntag in Darmstadt vor etwa vier Jahren.
Das ganze Gedicht ist so angelegt, daß es rasch geschrieben wurde. Es hat Notationscharakter, und ich halte für wahrscheinlich, daß ich es – in meinem ziemlich großen Arbeitszimmer auf und ab gehend – recht schnell konzipiert habe. Unter schnell verstehe ich einen Zeitraum von höchstens einer halben Stunde. Ich erarbeite mir vieles gehend, wozu, wie gesagt, der große Raum verführt. Aber auch als ich

früher nicht über ihn verfügte, habe ich mich arbeitend immer wieder von meinem Schreibtisch erhoben und bin, einige Schritte zurücklegend, besser, das heißt für mich beschleunigter ins Arbeiten gekommen. Ich bin ein rascher Arbeiter, weil meine Arbeitsmethode ganz so angelegt ist: rasches Ergreifen einer Möglichkeit, einer Fähigkeit, rasche Nutzung einer intellektuellen (und physischen) Präsenz, einer Frische, die ja wieder weichen könnte und so oft ungenutzt verstreicht. Solche allgemeinen Arbeitsvoraussetzungen haben – könnte ich sagen – auch beim *Neuen Wesen* ohne Zweifel Pate gestanden.

Der Zugriff ist das Entscheidende für mich: wie man etwas in diesen »Griff« bekommt, in eine kontrollierte geistige oder sensible Aktion. Denn die Kontrolle gehört dazu, die Selbstbeobachtung des momentanen Vermögens und möglichen Gelingens. Inspiration? Ich möchte eher meinen, daß es sich um die Nutzung eines bestimmten geistigen »Trainings« handelt. Auch wer Gedichte schreibt, muß auf diesen Prozeß vorbereitet sein – durch Übung, eine Übung, die nicht abreißt und die wohl auch nicht enden kann.

(1971)

»Lesen«

»Ich habe alles
liegen gelassen.
Mein Schatten hinter mir
wandert langsam
von Norden nach Osten.
Meine Erinnerung endet
am Rande des Buches.
Langsam neben mir
im Glas trocknet
das Wasser.
Ohne Vorwurf
vergeht die Zeit.
Sie ist eine vollkommene
Geschichte ohne Fluchtpunkt,
auf den man
zugehen könnte,
um etwas zu finden.«

Das Gedicht entstand im Frühsommer 1968. Doch ist der Zeitpunkt im Hinblick auf das, was es als Vorgang fixiert hat, belanglos. Lektüre, Lesen als gewiß nicht beliebig und jederzeit zu wiederholender Prozeß, hat als Vorgang doch etwas ebenso momentanes wie nicht Datierbares, etwas unter Umständen Unvermitteltes wie Entrücktes, so daß die Entstehungszeit und die Verhältnisse gleichgültig bleiben, unter denen ein Gedichttext zustande kam, der Lektüre zum Inhalt hat.
Inhalt? Ich weiß mit den Jahren immer weniger, was es mit ihm in einem Gedicht für eine Bewandtnis hat, oder gar, was für eine Funktion er in ihm übernehmen könnte. Gewiß gibt es im Ablauf eines solchen Textes etwas, »an das man sich halten« mag: eine Stütze des Verständnisses,

etwas, das einem zu Hilfe kommt, ein Hilfsmittel also. Natürlich gibt es Gedichte, die etwas beinhalten, wo es auf diesen sogenannten Inhalt entscheidend ankommt, Gedichte, bei denen – beinahe – alles auf das anzukommen scheint, was sie vorbringen. Gedichte, mit anderen Worten, die überhaupt etwas vorbringen wollen und die folglich sich in ihrer Absicht auszuweisen haben, die sich sofort zu erkennen geben müssen.

Von dieser Art ist das Gedicht *Lesen* nicht. Ich weiß nicht, ob es überhaupt Absichten hat und verfolgt. Ein argloses Gedicht, sozusagen, das einen Zustand reproduziert. Das Zuständliche und ein Verharren im Zustand ist jedenfalls an ihm ebensosehr einzusehen wie der Vorgang, der zugleich Geschehenlassen und Geschehen darstellt. Solche Anlagen und Voraussetzungen begünstigen nicht die Frage nach seinem Inhalt und der Verläßlichkeit, der Einsehbarkeit oder auch Problematik von Inhalt. Inhalt und der Stoff, der solchen Inhalt liefert und ihn gewährleistet, haben sich nicht einmal zu verflüchtigen brauchen, weil sie im Sinne des für unsere Vorstellung mit Stofflichkeit in Verbindung gebrachten Kompakten, mit Faktizität von vornherein nicht vorhanden waren. *Lesen* notiert etwas Unstoffliches, etwas, in das uns eine bestimmte Höhe, ein bestimmtes Maß intellektueller Aufmerksamkeit, aufmerksamer Bereitschaft und Frische, ein (plötzlich) vorhandenes oder ein geübtes, ein trainiertes Vermögen geraten läßt. Dies ist der Zustand, in den sich der Lese-Bereite, der Lesende versetzt findet, aus dem sich dann der Vorgang – Lektüre – entwickelt, mit seinen möglichen Folgen, seinen Konsequenzen, seinen Verhaltensfähigkeiten gegenüber Zeit und Umwelt.

»Ich habe alles liegen gelassen.« Die Betonung liegt auf *alles*. Dieser Zustand hat Rigorosität. Er ist durch Ausschließlichkeit ermöglicht, die alles verändert oder in andere Verhältnisse bringt, in veränderte Relation mindestens. Derartige Ausschließlichkeit schafft die Voraussetzung für das, was nun folgen kann und was folgerichtig wird: Konzentration, ein ausschließliches Gesammeltsein auf den Vorgang Lektüre, eine Fixierung, die etwas von einer Benommenheit annimmt, bei aller Präsenz, bei der konzentrierten Klarheit, die notwendig ist, um durchgehalten zu werden, für die Dauer des Lesens. Dauer aber, Zeitvergang demnach, wird nur noch indirekt wahrgenommen, schattenhaft geradezu im verändert registrierten Tages- und Lichtablauf einer zweiten Tageshälfte, der Zeit zwischen Mittag und Nachmittag/Abend:

»Mein Schatten hinter mir
wandert langsam
von Norden nach Osten.«

Tageslicht und Tageszeit als zurücktretende, als reduzierte »Phänomene«, als Randerscheinungen, jenseits des Buchrandes.
Denn Wirklichkeit, Leben, Augenblick, gesteigertes Leben und gesteigerter Augenblick finden derzeit anderswo statt: auf den Seiten des Buches, Zeile um Zeile, Seite um Seite, begrenzt durch Buchformat und Buchrand geradezu, äußerst eng limitiert und alles limitierend, das nicht zum Lese-Prozeß gehört:

»Meine Erinnerung endet
am Randes des Buches.«

Lesend habe ich – auf Widerruf – einiges aufgegeben, was mir sonst notwendig und selbstverständlich war, was dazugehörte wie Gedächtnis, wie Sich-erinnern-Können und -Mögen. Erinnerung, Gedächtnis jedoch sind nun absorbiert, weggesogen von der konzentrierten, ausschließlichen Beschäftigung Lesen, die mir die Aufmerksamkeit nimmt, mit der ich sonst in der Lage war, Kleinigkeiten, Banalitäten des Zeitvergangs, des Stundenverlusts zu entdecken, wie – beispielsweise – langsames Wegtrocknen des Wassers im Glase:

»Langsam neben mir
im Glas trocknet
das Wasser.«

Das könnte unter meinen Augen geschehen, weil es »neben mir« geschieht. Aber ich habe für den Vorgang keine Augen mehr, sowenig ich Gefühl für Zeit aufbringe, in die ich mich – zur Zeit – nicht mehr reagierend, mit Vorwurf oder Hoffnung, in Beziehung bringe. Daher sind die folgenden beiden Gedichtzeilen möglich geworden:

»Ohne Vorwurf
vergeht die Zeit.«

Warum das so ist, bringen die nächsten Zeilen des Textes zur Sprache. Zeit, wie auch immer verstanden – als objektive Zeit, als Erlebniszeit im menschlichen Bewußtsein oder als historische Zeit –, wird hier, im Vorgange wie im Zustande des Lesens, für den Lesenden schrumpfend oder gesteigert zur vollkommenen Geschichte, zu dem, was das Buch anbietet und aufbietet an seiner Wirklichkeit, seinem Daseinsstoff.

Aber sie ist nicht nur im Buche zur vollkommenen Geschichte geworden, mit der man lesend auszukommen hat, da nichts zu wünschen übrig geblieben scheint, sie ist zugleich etwas, das »ohne Fluchtpunkt« ist. Sie ist damit zu einer Erscheinung geworden, deren Vollkommenheit auch darin besteht, daß sie keiner teleologischer Vorstellungen mehr bedarf, daß sie ziel-los bleibt und damit un-erreichbar, phantastisches Projekt, das sich dem entzieht, der auf dieses Projekt wie auf jenen Fluchtpunkt zugeht, »um etwas zu finden«. Im Gedichttext wird schon die bloße Möglichkeit einer Realisation (»Fluchtpunkt, auf den man /

zugehen *könnte*«) in Frage gestellt und abgewiesen. Die auf solche Weise sich für den Lesenden ereignende »zweite« Zeit ist eine Gegen-Zeit, Zeit ohne Turm- und Taschenuhren, die allein von der Intensität der Beziehungen ermöglicht und gehalten wird, die zwischen Lesendem und Lese- und Buchwirklichkeit entsteht, während alles so bleibt, wie es zu Beginn des Textes festgestellt wurde: »Ich habe alles liegen gelassen.«

(1969)

»Robinson I«

»Immer wieder strecke ich meine Hand
Nach einem Schiff aus.
Mit der bloßen Faust versuche ich,
Nach seinem Segel zu greifen.
Anfangs fing ich
Verschiedene Fahrzeuge, die sich
Am Horizont zeigten.
Ich fange Forellen so.
Doch der Monsun sah mir
Auf die Finger
Und ließ sie entweichen,
Oder Ruder und Kompaß
Brachen. Man muß
Mit Schiffen zart umgehen.
Darum rief ich ihnen Namen nach.
Sie lauteten immer
Wie meiner.

Jetzt lebe ich nur noch
In Gesellschaft mit dem Ungehorsam
Einiger Worte.«

Indem ich das Gedicht *Robinson* betrachte – ich habe es vor sieben Jahren geschrieben –, wird mir als erstes klar, daß ich in eine solche Betrachtung andere Gedichte einbeziehen müßte, ältere und neuere Gedichte, vor zehn Jahren fixiert und dann nicht *Robinson* geheißen, sondern nur *Jemand* oder auch *Er* und schließlich rückhaltlos *Einsamkeit*. Denn *sie* ist in den genannten Arbeiten anwesend. Sie ist das, was die Texte in Bewegung setzte und in der Bewegung beließ. Was sie nicht enden ließ und über das jeweilige Gedicht hinausführte. Was *mich* dann erneut dazu brachte – unter einem Namen oder einem versteckteren, unauffälligeren Stichwort –, das unruhig machende Thema, den schrecklichen Stoff wieder aufzugreifen, den gestaltlosen Stoff, der in *Robinson* Gestalt wurde, Person – eine ebenso anonyme, erdenkliche wie literarische Person. Jemand, den jedermann kennt oder zu kennen meint. Aber den es doch genauso als Anonymus, als Nachbarn oder als Zeitgenossen gibt, als jemand – freilich in einer ganz bestimmten Situation gesehen, einer bestimmten Lage ausgesetzt – in des Wortes genauer Bedeutung. Robinson ist ein Ausgesetzter.

Aber wem oder was ausgesetzt? Zeitgenossen oder sich selber? Einer unbewohnten Insel? Den Folgen seines Schiffbruchs? Der Verlassenheit ohne Menschen? Oder – inmitten von Menschen – der eigenen Kontaktschwäche, seiner Neigung, seinem Zwang zur Isolation, seinem Eigensinn, seinem Egoismus, allen folgenreichen Unfähigkeiten des eigenen Wesens? – Wahrscheinlich wählte ich jenen sagenhaften literarischen Seemann, einen Moment seiner literarischen, nicht natürlichen Biographie, um mich einen Augenblick lang – innerhalb eines namenlosen Prozesses – an einen Namen halten zu können, an ein Dasein, das es zugleich gegeben und nicht gegeben hatte. An ein mögliches Leben, an einen potentiellen Helden, der seine Lage zu bewältigen hatte und sie bewältigte, der mir zu nichts anderem als meinen Zwecken dienen sollte: jemand, den ich benutzen konnte, um ihm etwas in den Mund legen zu können – das Aussprechen von Reaktionen, von ganz bestimmten Verhaltensweisen, die auch jenem literarischen »Jemand« und »Er« in ihrer »Einsamkeit« nicht fremd waren, in denen sie mit diesem »Robinson« vielmehr übereinzustimmen schienen.

Robinson ist hier der Deckname von jemandem, der verschiedenes hinter sich hat, verschiedenes vor sich hatte, der Glühbirnen im Munde trug und Licht aus dem Fenster

schüttete, der seine Vergangenheit verschenkte wie seine Hand, um nicht allein zu sein. Der – so oder so – auf sich aufmerksam machte, der in ein paar Sätzen sagen wollte, daß es ihn gab, ein paar Sätze, ein paar kurze Handlungen lang, daß er keine mutwillige Erfindung war sondern »wirklich«, wenn auch geisterhaft wirklich, dennoch leidend an den Nachstellungen einer Realität, an der er zu tragen hatte.
Robinson wurde – unter solchen Voraussetzungen und in einer solchen Gesellschaft von Vorgängern und Nachfolgern – das personifizierte Verlangen nach Kontakt und zugleich die Widerlegung einer derartigen Anstrengung: das Zurückfallen auf sich selbst, das Ausgeliefertsein dem eigenen Wesen. – So verstanden, gleicht der Verlauf des Gedichtes einer vergeblichen Geste, der vergeblichen Anstrengung, von sich loszukommen. Die Anstrengung freilich ist in einfache, unangestrengte Worte gekleidet, in unauffällige Worte, die Gewohnheiten wiedergeben, die Erfahrungen mitteilen.
Die Unauffälligkeit verhindert freilich nicht, daß sich das Mühsame einer Situation ausgedrückt findet. So unauffällig kann sich das Gedicht gar nicht in seine Verbalität, in die Einfachheit einiger von ihm getroffener Feststellungen und Vermutungen zurückziehen, als daß nicht Hilflosigkeit und Resignation zu erkennen wären, auch wenn sie sich nicht ausdrücklich zu erkennen geben, als daß nicht das Bescheidwissen um die Vergeblichkeit von Tun und Lassen jenen resignierten Gleichmut aufkommen ließen, mit dem das Gedicht in seinen drei letzten Zeilen ausläuft.
Aber wenn ich von Hilflosigkeit und Resignation sprach, hatte ich nicht nur das Schwächende solchen Zustandes, sondern auch das Aktivierende dieser Lage im Sinne. Wenn man seine Sache auf wenig gestellt sieht, ist man von *einer* Last wenigstens frei: der Last der Erwartungen. Das eigentümliche, vielleicht verzweifelte Freiheitsgefühl, das nun aufkommt, erfüllt auch das *Robinson*-Gedicht. Es »ga-

rantiert« es sogar. Denn mit seiner Hilfe ist das Weitersprechen möglich, werden die getroffenen Feststellungen, die mitgeteilten Erfahrungen erst mittelbar und in der Mitteilung glaubwürdig.
So geht hier verschiedenes miteinander um, geht ineinander über, oder ist doch aufeinander angewiesen: Kontakt-Verlangen, vergeblicher Versuch der Kontakt-Herstellung, der Rückfall auf sich selbst, auf die eigenen Handlungen, die Anstrengung des Vorgangs, und als »Resultat« schließlich Einsicht, Sich-Bescheiden in einem Bescheidwissen, das Freiheit gewährt, Freiheit von Folgerungen und Folgen, von zu erwartenden Ereignissen.
Zunächst ein Versuch. Der Versuch, »mit der bloßen Faust« seine isolierte Lage zu ändern, indem man zum Nächstbesten greift, hier nach dem ersten Schiff, das am Horizont auftaucht und das man an sich ziehen möchte. Aber das dann doch – wie die folgenden – verlorengeht, durch die Finger schlüpft. Man rettet sich nicht aus seiner Isolation, indem man auf beliebigen und leichten Fang ausgeht (»Ich fange Forellen so«). Immer kommt einem etwas dazwischen: Monsun oder Ruderbruch und ausfallender Kompaß. Denn »Man muß mit Schiffen zart umgehen«. Man kann seine Versuche nicht der bloßen Faust, dem schieren Zugreifen und der leichten, sich anbietenden Gewohnheit (als finge man Forellen) anvertrauen. Man muß seine Empfindlichkeit mobilisieren, seine Sensitivität aufbieten. Man muß »zart umgehen«, um dann allerdings zu erfahren, daß auch auf diese Weise wenig erreicht wird und man noch mit den zärtlichsten Zurufen, den sensibelsten Verbindungsversuchen auf sich verwiesen bleibt. Es scheint geradezu so, als wenn – ganz ohne Faustrecht und Lässigkeit, in der Behutsamkeit einer Kontaktnahme – man am hartnäckigsten auf die eigene Intention zurückfiele. Damit auch auf das Egoistische seines Versuchs, auf die Automatik eines solchen Egoismus. Einsamkeit der Eigenliebe.
Die Folgen solchen Erkennens bringen die drei letzten Zei-

len zur Sprache. Das erwähnte, gleichmütige Bescheidwissen »Jetzt lebe ich nur noch (...)« ist das resignierte Kenntnisnehmen von einer – unerwarteten – Gesellschaft, in die man – im Zirkel der Isolation – gerät. »Gesellschaft mit dem Ungehorsam einiger Worte.« – Es wird nicht gesagt, ob es die eigenen Worte sind, um die es sich handelt. Aber es erübrigt sich wohl, dies festzustellen. Was sonst kann übriggeblieben sein als die Worte, die mit einem zu tun haben, die von einem kamen und widersetzlich auf einen zurückfallen, die nicht folgsam sind, vielmehr ungehorsam, die genug haben von der Bevormundung dessen, der sie machte. Die Worte als reizbare und unabhängige Lebewesen »in Gesellschaft« mit dem, dem sie kamen und der sie – ein für allemal – als seinesgleichen in seinem Besitz vermeinte, zu seiner Verfügung. Robinson bleibt so auch von diesen Worten verlassen, da er ihrer nun einmal nicht sicher ist, da sie Widerstand leisten. Aber er wird sich mit dieser Lage – wie mit allem anderen – einrichten müssen.

(1966)

Benno von Wiese

»Robinson I«

Ein Gedicht, das den Titel *Robinson* trägt, hat damit bereits ein bestimmtes, in der zeitgenössischen Lyrik auch sonst auftauchendes Modell gewählt. Aber das Modell ist vieldeutig. Robinson kann der auf eine Insel verschlagene, isolierte Einzelmensch sein, der jeden Zusammenhang mit anderen menschlichen Wesen verloren hat; er kann indessen auch der homo faber sein, der die Entwicklung der Menschheit von ihren Anfängen bis zur Spätzeit noch einmal, für sich allein wiederholen muß. Schließlich läßt sich auch an den geretteten Robinson denken, der durch ein Schiff in seine Heimat zurückgeführt wird. Ebenso braucht Robinsons Insel nicht immer das Unheil von *Exil* und Verbannung zu bedeuten; sie kann dort zum *Asyl* werden, wo die Welt draußen als eine schlechte und verdorbene Gesellschaft interpretiert wird.

In Karl Krolows erstem Robinsongedicht aus seinem wohl besten Gedichtband *Fremde Körper* (1959) ist Robinson isoliert, aber nicht etwa verzweifelt. In dem freien Wechsel von Lang- und Kurzversen wird eine Stimmung der Sehnsucht spürbar, die erst später bei Robinson abstirbt. Das Unabgeschlossene, Fragmentarische dieses Gedichtes verlangte die offene ungebundene Form. Die erste, sehr ausgedehnte Strophe hat selbst etwas von der »Zartheit«, die im Umgang mit Schiffen verlangt wird. Die zweite, knappe, die nur noch Gegenwärtiges berichtet, ist härter, erbarmungsloser. Das Gedicht der Sehnsucht gipfelt in einem Zustand, in dem die Sehnsucht bald erlöschen muß.

Zunächst sieht es so aus, als ob Robinson nur nach Schiffen verlange, die ihn fortführen sollen. Aber dies wäre bereits ein bedenkliches Mißverständnis. Krolow, der den Dichter an einer anderen Stelle einmal einen »Zauberer« genannt hat, »dem eine ganze Welt der Imagination zur Verfügung steht«, zaubert auch mit dem Wort »Schiff«. Es ist eine Metapher, die dennoch nur sich selbst bedeutet, es meint Gegenständliches und Irreales zugleich.

Robinson greift »mit der bloßen Faust« nach einem »Segel«. Das ließe sich noch als unreflektiertes, vitales Zugreifen nach einem Dinglichen verstehen; es mag nahe, es mag fern sein, sei es auch ein Zugreifen nur in der Phantasie. Eine solche Auslegung reicht jedoch nicht aus. Denn Robinson »fing« anfangs »verschiedene Fahrzeuge, die sich am Horizont zeigten«, er fing sie, wie er sonst Forellen gefangen hat. Bereits dieser Vergleich verschiebt das Bild ins Imaginäre; denn Schiffe lassen sich nicht wie Forellen mit der Hand greifen. Nähe und Ferne, Großes und Kleines werden geradezu miteinander vertauscht; die verschiedenen Fahrzeuge am »Horizont« können nur als ferne und damit als relativ kleine vorgestellt werden, aber als eingefangene sind sie wiederum ganz nahe gerückt und bleiben doch klein. Krolows Schiff wird zu einer »Barke Phantasie« – so nannte er seine eigenen Übersetzungen französischer Lyrik. Insel und Meer, die Schiffe und Robinson, das alles verwandelt der Lyriker in eine phantastische Landschaft, sogar etwas von der Heiterkeit des Mühelosen scheint dabei mitzuschwingen.

Wodurch wird dieser täuschende Eindruck erzeugt? Sind nicht die Schiffe dieses Robinson wie ein *Spielzeug,* Zeug zum Spielen? Wird nicht damit auch das ganze Meer in seiner räumlichen Perspektive verändert, ein Spielfeld für Robinson? Spielzeug kann einem Kind durch die »Finger« gleiten oder sich auch wie von selbst zerstören (»Ruder und Kompaß brachen«). Fast sieht es so aus, als ob Robinson mit den Dingen spiele oder sie mit ihm. Er ist nicht der homo faber, der sie benutzt und lenkt. Im Spiele läßt sich nichts endgültig festhalten, alles entgleitet, wird richtungslos, sei es mit oder ohne Schuld des Spielenden.

Aber dieses Spiel mit den Schiffen hat auch seine Verluste.

Damit wird es bedenklich. Es ist der vergebliche Versuch zur Kommunikation mit einer Welt, die außerhalb des Ich, außerhalb seiner insularen Existenz ist. Schiff, Segel, verschiedene Fahrzeuge, Monsun, Ruder und Kompaß, das sind die verschiedenen Spielarten, in denen Fernes nah, Nahes wiederum fern, Großes klein und Kleines groß wird; scheinbar Vertrautes, vielleicht auch Lockendes verfremdet sich ins Ungewisse, ja ins Unbekannte, Unerreichbare.

Darin liegt das Mißlingen des Spiels. Warum mißlingt es? Robinson bleibt allein, das »Gefangene« entweicht oder ist zerstört. Eine Kernzeile des Gedichtes gibt Auskunft: »Man muß mit Schiffen zart umgehen«, zart, das heißt hier offensichtlich nicht vital, nicht unreflektiert (»mit der bloßen Faust«), sondern leiser, indirekter, geistiger. Wären reale Schiffe gemeint, so hätte diese Forderung etwas Lächerliches. Aber Schiffe, das sind hier scheinbare Brücken zur Kommunikation, alles, was von außen kommt und gleitend vorüberzieht, alles also, was aus dem bloßen Ichsein herausführt oder herausführen könnte; es sind Schiffe der Phantasie, die trotzdem etwas Wirkliches intendieren. Hier gilt nicht Robustheit oder Gewalt, aber auch nicht das zwecklose Spiel, selbst dies ist nicht zart genug.

Ein zweiter, neuer Weg bietet sich an. »Darum rief ich ihnen Namen nach.« Namen sind so wie Schiffe bei Krolow Metaphern, aber nicht solche, die etwas anderes bedeuten, sondern solche, in denen Weltinhalte bereits verwandelt erfahren werden. Namen wurden vom Menschen für die Dinge erfunden, mit ihnen sucht er die entgleitende, kaleidoskopartige Wirklichkeit festzuhalten, vielleicht sogar zauberisch zu bannen. Jedoch bleibt solches Tun des Geistes vergeblich. Im Gedicht *Worte* von Krolow heißt es:

»Aber die Namen bleiben
Im Ohr nur ein Gesumm

Wie von Zikaden und Bienen,
Kehren ins Schweigen um.«

Hier, im *Robinson,* lauten alle Namen, die er den Schiffen nachruft, immer nur wie sein eigener. Was aus der Introversion herausführen sollte, macht sie in Wahrheit erst voll sichtbar. Vielleicht sollten die Namen die Schiffe zum »Gehorsam«, zur Umkehr, zur freiwilligen Gefangenschaft nötigen. Dann hätten die Namen eine magische Funktion. Vielleicht sollten die Schiffe durch Namen nur in die Zartheit eines neuen, geistigeren Umgangs aufgenommen werden. Wie dem auch sei, die Namen erreichen die Schiffe gar nicht, sie sind immer nur Robinson selbst, sie zerstören die Kommunikation mit dem Draußen, die sie eigentlich herbeiführen wollten.
Das Gedicht mündet in eine verrätselte, chiffrierte Aussage. Auf diese scheint es mir von Anfang an angelegt.

»Jetzt lebe ich nur noch
In Gesellschaft mit dem Ungehorsam
Einiger Worte.«

Noch kann Robinson »ich« sagen, erst im dritten Robinson-Gedicht ist nur noch vom »es« die Rede. Wer ist dieses Ich? Steht es abermals als Metapher, und zwar diesmal für den Dichter selbst, wenn auch in verschleierter, indirekter Weise? Hat doch gerade der Dichter es in erster Linie mit Sprache, mit Namen und Worten zu tun! Vielleicht hat der Dichter jedoch nur stellvertretend Bedeutung für den Menschen unserer Zeit, für das des vitalen und geistigen Kontaktes mit der Welt beraubte Ich. Dann wäre das als Robinson sprechende Ich hier nicht ein beliebiges Modell, sondern Modell für das Alleinsein des Ich inmitten des nicht mehr verstandenen Anderen.
Aber ganz allein ist Robinson jetzt noch nicht; er hat »Gesellschaft«, Gesellschaft »einiger Worte«. Wohl aber lebt

er in einer zerschlagenen Wirklichkeit, in einer geistigen und geisterhaften Welt. Vielleicht will er mit den Worten noch sein eigenes, rätselhaft gewordenes Dasein entziffern, aber die Worte gehorchen ihm nicht mehr, sie haben sich selbständig gemacht, sie werden dieses Ich am Ende ins Wortlose, ins Schweigen und ins Verstummen führen.

Modell Robinson: Irrt der Interpret, wenn er darin noch die gefährliche, isolierte Freiheit des modernen Dichters erkennt, dem im Spiel der entbundenen Phantasie alles zu Gebote zu stehen scheint und dem sich dennoch alles wieder entzieht bis zum unpersönlichen Auslöschen im »Es«?

(1966)

Hans Schwerte
»Verlassene Küste«

»Segelschiffe und Gelächter,
Das wie Gold im Barte steht,
Sind vergangen wie ein schlechter
Atem, der vom Munde weht,

Wie ein Schatten auf der Mauer,
Der den Kalk zu Staub zerfrißt.
Unauflöslich bleibt die Trauer,
Die aus schwarzem Honig ist,

Duftend in das Licht gehangen,
Feucht wie frischer Vogelkot
Und den heißen Ziegelwangen
Auferlegt als leichter Tod.

Kartenschlagende Matrosen
Sind in ihrem Fleisch allein.
Tabak rieselt durch die losen
Augenlider in sie ein.

Ihre Messer, die sie warfen
Nach dem blauen Vorhang Nacht,
Wurden schartig in dem scharfen
Wind der Ewigkeit, der wacht.«

»Segelschiffe und Gelächter«: zwei Substantiva, beliebig, scheint es, aus der Unzahl möglicher Nennungen herausgegriffen, verbunden durch die Konjunktion »und«, alternierend ablaufend, auftaktlos (»trochäisch«) in vier Takte gefügt, durch einen melodisch leicht variierten E-Laut zusammentönend und auch wieder durch Vokalwechsel rhythmisiert und betont, eben noch »sinnlos«, unerwartet, aber plötzlich in solcher »Konjunktion«, durch das Medium der Sprache selbst, abgekürzt einen ganzen Raum voller Bedeutung, voller Assoziationen, voller sinnschaffender Zusammengehörigkeit bildend: erregende Geburt des Verses aus poetischer Einbildungskraft, logisch und kausal unerklärlich, aber vorlogisch, vorkausal ein für allemal nun stimmend und überzeugend, Beschwörung und zugleich doch die Sache genau bezeichnend – so hebt Krolow dieses Strophengedicht an. Küstenlandschaft, Weite der Segel, Mannschaftsgelächter, »das wie Gold im Barte steht«, fast scheint ein romantischer Bänkelsong vom freien Matrosenleben aufzuklingen, wenn auch diese beiden ersten Verse in der chiffrierten Dichte ihrer Aussage schon alle sentimentalisch zurückblickende »Romantik« durchstoßen, sprachlicher Grund, nicht Nahrung. »Wie Gold im Barte steht«, eine kühne »statische« Metapher[1] für das männlich unbekümmerte Gelächter, wobei – will man dies wieder »logisch« aufklären – die Farbeigenschaft vorausgenommen und »festgestellt« in ein eigenes Substantiv wird, das nun unmittelbar die Verbindung zu »Gelächter« herstellt, glückhaft kräftig, höchster Sprachton des Gedichtes.

Aber der Satz, die Strophe ist nicht zu Ende. Krolow bricht diese Einstimmung in jäher dialektischer Umkehr ab, ohne Übergang, ohne »doch« und »aber«. Diese »Küste« ist »verlassen«, wie die Überschrift voraussetzt (nehmen wir sie vorerst als konkretes Bild) – dies alles »vergangen wie ein schlechter / Atem, der vom Munde weht«. Bewegung kommt mit den aufhebenden Gegenaussagen in die Verse, verstärkt durch Enjambement und Strophensprung – radikale Aufhebung des Goldgelächters, das jetzt erst in seiner Situation begriffen scheint und einem schlechten, einem

1 Vgl. im ganzen dazu die Selbstdeutung Karl Krolows *Intellektuelle Heiterkeit,* in *Akzente,* 1956, H. 4, S. 341 ff., wiederabgedruckt in: *Mein Gedicht ist mein Messer,* hrsg. von Hans Bender, Heidelberg 1955, S. 38 ff. Siehe auch in diesem Band S. 195 ff.

übelriechenden Atem verglichen wird, Verwesungsgeruch der Vergänglichkeit, der den lachenden Mund verzerrt, aus ihm weg»weht«, ekelnd ausgestoßen wird. Was Lebensodem sein sollte, Atem des Daseins, ist »schlecht« geworden. Verben solcher Vergänglichkeit zerstören das statische Versbild: »vergangen, weht, zerfrißt«. Woher diese zerstörerische Beschattung (»wie ein Schatten auf der Mauer«) kommt, wird nicht direkt gesagt. Einbruch der Angst, der Bodenlosigkeit, der Leere, des Nichts: bei Krolow sind alle diese Vokabeln in seinen Gedichtbänden zu finden. »Und mit langsamer Bewegung / hebt die Zeit ihn auf« (29)[2], »dahinter das Loch in der Luft, die Leere, von niemand erfunden« (67) – solche anhauchende »existentielle Erfahrung« der Vernichtung bricht immer wieder in die so selig besungene Idyllik »Irdischer Fülle« (6) ein, »Wind und Zeit«, wie der spätere Gedichtband von 1954 heißt. »Staub«, das ist das erste erreichte Gegenwort zu »Gold«; »Mauer« und »Kalk«, die allenfalls Schutz hätten verbürgen können, werden von dem selbst vergehenden und verwehenden »Schatten« zu Staub zerfressen. Das scheinbar Feste zerbröckelt, zerfällt. »Und der Aussatz, der überall frißt: / Zeit, die mir stirbt, meine Straße mit Speichel befleckt, / Speichel der Schwermut, du Zeit (. . .)« (64), heißt es in einem anderen Gedicht, welches das »Heute« in elegischen Versen umschreibt. Beschattung der Zeit, die das »Gold« der schönen irdischen Gegenwart zerfrißt.
Doch der Sog der Verse zieht weiter voran. Von der dritten Zeile der ersten Strophe bis zur letzten der dritten Strophe schwingt ein einziger Bogen, der mit »sind vergangen« ansetzt und auf »Tod« endet. Der zweimalige Strophensprung bestätigt diese durchgehende Bewegung. Auch das Bild von der schattenzerfressenen Kalkmauer wird beibehalten, wenn auch zunächst unterbrochen, um eine neue Variation der überfallenden »Schwermut« einzufügen –: »Trauer«. Der

2 Alle Seitenzahlen beziehen sich auf den Band, dem dieses Gedicht entnommen ist: Karl Krolow, *Die Zeichen der Welt*, Stuttgart 1952.

dunkele Druck in der Seele angesichts der überdeutlichen Zeichen, welche der Fraß der Zeit hinterläßt – diese Trauer bleibt beharrlich, »unauflöslich bleibt die Trauer«. (»Der Mensch ist an sich schon ein hinreichender Grund zur Traurigkeit«, lautet das Motto von Menander zu dem dritten, dem Hauptteil dieses Gedichtbandes.) Das Unauflösliche, Haftende, Klebende wird noch durch eine Metapher verdeutlicht: diese Trauer der Schwermut ist »aus schwarzem Honig«. »Ist« – nicht »wie« aus schwarzem Honig. Während Krolow bisher dreimal den vertrauten »Wie«-Vergleich zur Knüpfung seiner Metaphern gebrauchte (wie Gold, wie ein schlechter Atem, wie ein Schatten), verzichtet er hier und – mit noch einer Ausnahme – bis zum Ende des Gedichtes auf dieses traditionelle Mittel, das letztlich aus der Gegenüberstellung von Subjekt und Objekt stammt. Die Bildsprache hakt jetzt dichter ineinander, sie schreibt die Vision genauer nach, ohne den vergleichenden Zwischenraum. Gottfried Benn, ein Lehrmeister der jungen Lyriker-Generation, behauptet sogar, dieses »Wie« wäre »immer ein Bruch der Vision, es holt heran, es vergleicht, es ist keine primäre Setzung (...) ein Nachlassen der sprachlichen Spannung, eine Schwäche der schöpferischen Transformation«.[3] Ob dieses »immer« zutrifft, bleibe dahingestellt (Benn selbst bewundert Ausnahmen); jedenfalls ist dieser Wegfall des vergleichenden »Wie« (oder anders ausgedrückt: die sprachliche Aufhebung der Grenze zwischen Subjekt und Objekt) ein Charakteristikum auch der jüngeren deutschen Lyrik geworden, im Expressionismus ansetzend, vom späten Rilke genial fortgebildet, bei uns aber heute meist von ausländischen Dichtern des westeuropäischen »Surrealismus« aller Schattierungen übernommen (Eliot, Auden, Apollinaire, Saint-John Perse, Eluard, Lorca). Krolow kennt das Werk dieser großen ausländischen Anreger gut und arbeitet ihre Bildtechnik überraschend fugenlos in die eigene »Schulung« durch Oskar

3 Gottfried Benn, *Probleme der Lyrik*, 1951, S. 16.

Loerke und Wilhelm Lehmann ein. Daher konnte Hans Egon Holthusen, als er »die lyrischen Errungenschaften Karl Krolows« kenntnisreich beschrieb und sie genau analysierte, seinen Aufsatz überschreiben *Naturlyrik und Surrealismus.*[4] Krolow hat diese Technik des Wegfalles von »wie«, »als ob« usw. überzeugnd entwickelt und durchgebildet, gerade in diesem Band von den »Zeichen der Welt«. Ein Musterbeispiel, dessen Verständnis ganze Gebiete der modernen Lyrik erschließt, ist der Anfang seines Gedichtes *Der Täter* (30):

»Der Morgen, die traurige Taube, schmilzt
Mir langsam im Aug' und verdirbt
Mit blauem Gefieder.«

Da ist ein genialer Einfall in eine ebenso bewundernswerte Verschmelzung zweier Bildebenen gebracht. Die Sprache stellt plötzlich Bindungen her, die auf eine ursächliche Verknüpfung im Grund des Seins deuten und vor der nur unsere »Logik« scheitert.

Ähnlich gefügt »die Trauer, die aus schwarzem Honig ist«. Kein Vergleich; ein Seinszusammenhang, der *im Bild* sich öffnet und bestätigt. »Honig« klingt noch an den Goldton des Eingangs an, süßes Bienenleuchten, aber dies ist, wieder unerklärlich »stimmend«, an die Schwärze gekoppelt, »unauflöslich« schwarz verschattet. Die Antithetik des ganzen Gedichtes spiegelt sich in diesem schwermütigen Versglied. Es ist eine andere Bildumschreibung jener erworbenen Grundeinsicht heutigen Daseinsgefühls, die Krolow, am Ende seiner *Ode 1950*, so präzise mit »leuchtend und bitter« angibt (89).

Die Antithetik dieses Verses geht in die nächste Strophe

4 Dieser hervorragende Aufsatz, auf den grundsätzlich für diese Interpretation verwiesen sei, erschien zuerst in: *Merkur,* Nr. 62, VII. Jg. 1953, H. 4, dann wiederabgedruckt in: *Über Karl Krolow,* hrsg. von Walter Helmut Fritz, Frankfurt 1972 (=edition suhrkamp 527), S. 9 ff.

über und spaltet sich dort zunächst in die beiden ersten Zeilen. Diese Trauer, die aus schwarzem Honig ist, »duftend in das Licht gehangen«: wieder zuerst das Einklingen in den goldenen Honig-Ton. Licht, das ist bei Krolow immer eine Chiffre schwereloser, schwebender, ätherischer Daseinshelle, die »Unschuld des Lichts« (67); darin »duftet« der Honig. Aber auch hier wird, der Schwärze analog, hart und rücksichtslos die Kehrseite des »Duftens« und der flüssigen Konsistenz des Honigs gegengesetzt – »feucht wie frischer Vogelkot«, Abfall wie der »schlechte Atem«, Rückbleibsel verfallenden Daseins, ätzender Kotbewurf der »Mauern«. Mit dieser scharf alliterierenden Zeile ist das Ausgangsbild dieser beiden Strophen von neuem erreicht, denn die »heißen Ziegelwangen«, deren Beiwort noch auf das Brennen des Lichtes zurückweist, stellen wieder jene schon bröckelnde Mauer vor, nun von frischem Vogelkot verschmutzt. Er ist ihren Ziegelwangen (welche merkwürdige Zärtlichkeit in dieser Wortverbindung!) »auferlegt als leichter Tod« (beide Zeilen noch durch den EI-Laut gehalten). Doch das zweite, das vorerst endgültige Gegenwort zu »Gold« ist erreicht: Tod – klanglich zusammengebunden über drei Strophen hinweg, genau weitergeleitet von den antithetischen Zwischengliedern »Honig« und »Vogelkot«, durch den trockenen dumpfen O-Laut, immer tieferer Gongschlag des endlich auffangenden Todes, eine Vokal- und Sinnbindung hoher künstlerischer Meisterschaft. Die Gestalt enthüllt präzise den Sinn. Freilich – »leichter Tod«; so sehr Krolow erschüttert wird von dem unerklärlichen Einbruch des Verfalls in das Honig-Gold des Daseins, von »fürchterlich aggressiven Nichtserlebnissen«, von »existentiellen Schwindelerlebnissen« (Holthusen), so »leicht« und »licht« begreift er – jedenfalls an den meisten Stellen – schließlich den Tod selbst, oder genauer: die Toten, mit ihren »bodenlosen Herzen« (54), denen »das Leid« »sanft im Nacken« zerschmilzt und die ihre eigene »Heiterkeit« besitzen (52).

»Niemand mehr trennt
Von nun an mich von den leichten Gedanken der Toten,
Die sie mir lächelnd gleich bittren Gerichten entboten« (66)

So hier auch diese unaufhaltsam saugende Bewegung von »vergangen«, »verwehen«, »zerfressen«, Schatten und Kot, Schwärze und Staub schließlich auferlegt als »leichter« Tod. Erst jetzt, in den letzten beiden Strophen, nach der Umvariierung von Gold in Tod, wird – nochmals sicher geführt durch den zusammenhaltenden O-Ton – die Anfangssituation aufgenommen, das eigentliche (doch nur stellvertretende) Subjekt der Handlung genannt: »Matrosen«. Doch nun nicht mehr, jener Kehre gemäß, »Segelschiffe und Gelächter«, sondern eher eine dumpfe Kneipe, makabrer Ort der Verlassenheit; Tabak und Schnaps, Karten und Messer sind die zugehörigen Versatzstücke – »Kartenspiel der Schwermut« (49).

»Kartenschlagende Matrosen
Sind in ihrem Fleisch allein.
Tabak rieselt durch die losen
Augenlider in sie ein.«

Verse, deren Ausdruck und Aussage in ihrer, nun gegensätzlichen Erfindung so frappierend ist wie die beiden Eingangszeilen und die den Leser noch mehr betroffen machen, ihn erinnern an eigene Verlassenheit, »(. . .) besiegt / Von Chimären, dem Echo des Nichts hinterm Rausche« (76). Holthusen hat die »Erinnerung« dieser Strophe beschrieben: »Selten ist das ›Geworfene‹, das Ausgestoßene und einsam ins Fleisch Gesetzte moderner Existenz so gültig ausgesprochen worden (. . .)« Das Hineinrieseln des Tabaks »durch die losen Augenlider« (die Alliteration verschleift das Enjambement) ähnelt modernen surrealen Gemälden, etwa denen Picassos, wo die Gestaltkonturen der dargestellten Personen ebenso aufgelöst erscheinen und sie aller Umwelt und umgebenden Gegenständlichkeit durchlässig geworden sind. Das Haltlose personaler Existenz wird in dieser Durchlässigkeit für den rieselnden Tabak noch mehr betont. Die Augen schauen und behalten nichts mehr; das Narkotikum betäubt und »zerfrißt« sie. Auch diese Strophe bleibt auf den basso ostinato »Tod« und »Staub« fugiert.

Das gilt auch für die letzte, doch kommt hier, abschließend und sogleich wieder sich öffnend, ein neues antithetisches Element hinzu, mag dies auch nur ein konventionell verwendetes Wort sein, ohne jede religiöse Einfärbung – »Ewigkeit«. Krolow hält die Höhe seiner poetischen Bildfindung sicher, seine Sprache weitet die gewagte Szenerie noch aus. »Ihre Messer, die sie warfen / nach dem blauen Vorhang Nacht« – noch scheinen wir im konkreten, gegenständlichen Raum zu bleiben, die Matrosen werfen ihre Messer in einen Vorhang, Kneipaufruhr der Einsamen zwischen Kartenspiel und Tabakdunst, tödlich protzendes Spiel und auch wieder sinnlos gegenüber der andrängenden Nacht. Aber die fugenlose Koppelung – ohne »wie« – von Vorhang und Nacht, wobei das gemeinsame Beiwort »blau« beide Substantiva noch mehr einander durchlässig macht, deutet auf die Irrealität dieser Bühne. So wie in den ersten Strophen der unerklärliche Schatten der Vergänglichkeit unversehens die konkrete Szene mit dem Schauer des Todes überzog, wird auch hier der an sich schon unheimliche Vorgang weiter entwirklicht, entkonkretisiert, transparent, »surreal«. »Diese zweideut'gen Nächte, / Wie ein Hinterhalt überall« (96) – ist es der Hinterhalt der Schwermut, der Trauer, gegen den die Matrosen vergeblich ihre Messer warfen (»wurden schartig«), oder ist diese verhängte Nacht selbst schon der »scharfe Wind der Ewigkeit, der wacht«, dessen Einbruch ebenso vergeblich abzuwehren möglich ist? Selbst die Messer werden stumpf an dieser wachen Schärfe.

Diese letzte Strophe, die Sinn und Form des Gedichtes zusammenfaßt, ist noch kunstvoller als die anderen gefügt. Der verbindende O-Laut wird abgelöst durch das klarere A (siebenmal in den vier Zeilen), das auch bisher schon deutlich den Gegenton bildete; Alliterationen auf W und Sch klammern die Verse eng zusammen. Der Kreuzreim, ebenso zwischen männlich und weiblich wechselnd wie in den übrigen Strophen, bleibt durchweg auf A stehen (genau wie die erste Strophe auf E). Um so schärfer hebt sich aus diesem engen Geflecht des A-Lautes der einbrechende Ton »Ewigkeit« heraus.

Jedenfalls ist diese Genitiv-Metapher »Wind der Ewigkeit« keine Vokabel der Geborgenheit, religiösen Aufgehobenseins, volltönenden Abschlusses. (Das bestätigen alle übrigen Gedichte Krolows.) Auch das »Wachen« dieses scharfen Nacht-Windes ist eher verhängnisvoll als behütend. Es mag ein metaphysischer Moment sein, der damit angedeutet werden soll und der den Menschen ins Visier nimmt, gleich nun ob er mit dem »Vorhang Nacht« übereinstimmt (denn die Messer werden dahineingeworfen) oder ihn noch, von wo immer, überweht. Denn nochmals wird in der letzten Zeile, wie in der ersten Strophe, dieses windige Wehen und Verwehen ausgesagt. Es bleibt, wenn hier auch auf anderer Ebene, bei dem Aufheben und Zernichten der scheinbar gesicherten Existenz. Nicht nur die Messer, auch das Gelächter ist in diesem Wind schartig geworden. Ob »Tod«, ob »Ewigkeit« – der Mensch ist von der »Küste« abgestoßen, mußte sie verlassen, ohne darum gefragt zu sein, und geriet in das Wehen von Zeit und Ewigkeit, selbst nun der Verlassene. Das Lied von den Matrosen, das so hell anhob, wird unvermutet zu einem Lied von der »Heimsuchung«[5] des Menschen durch die zeitliche Vergänglichkeit. So stimmt das vorausgesetzte Motto des Petronius genau: »Wenn man es recht besieht, so ist überall

5 So der Titel eines Gedichtbandes Krolows, 1948.

Schiffbruch.« Das will das Gedicht *dichterisch* mitteilen: Schiffbruch und überall; der Moment des Schauders, wenn das Gefügte bodenlos wird.

Ein elegischer Ton, zweifellos, wie er in der Moderne oft genug vorkommt. »Verdächtig« bleibt dann die Liedform. Wohl hat Krolow in seinen beiden letzten Gedichtbänden für diesen elegischen Ton sich eigene Langzeilformen zu bilden versucht, strophisch, gereimt, auch »freirhythmisch«. Hier aber, und in vielen anderen Gedichten ähnlichen Klanges, bleibt Krolow bei dem altüberkommenen vierzeiligen, viertaktigen, gereimten Strophenlied. Das weist auf seine dichterische Herkunft, die er bis heute nicht aufgegeben hat: das naturlyrische, das naturidyllische Gedicht aus der strengen Formschule Wilhelm Lehmanns, dessen begabtester »Schüler« und meisterlicher Fortbilder Krolow sicherlich ist, gerade weil er nicht jede Skurrilität des Schulmeisters mitmacht. Krolow gehört, mit einem guten Teil seines veröffentlichten Werkes, zu den wesentlichsten Vertretern dieser pastoralen und naturmagischen lyrischen Schule, die gegenwärtig eine der am deutlichsten profilierten Erscheinungen moderner deutscher Lyrik darstellt. Aber diese magisch geschlossene Naturwelt muß dort aufgebrochen und ihr oft betörend seliger Sang von der dauernden Haltbarkeit naturhaft mystischer Grundmuster dort fragwürdig werden, wo der »Wind der Zeit« in sie einbricht und die Zerstörung durch diese Zeit, durch die Geschichte urplötzlich und mit schaudernder Angst empfunden wird. Das »Heute«, das bei Lehmann (und dessen Vormeister Loerke) kaum ernstlich in den Gedichtraum eingelassen wurde, läßt sich dann nicht mehr übersehen und mit Blüte und Vogelflug überspielen: dies der exemplarische Vorgang im dichterischen Schaffen Krolows, woraus sich seine eigentümliche Stellung zwischen Naturgedicht und metaphysischem Surrealismus ergibt. (Der andere mögliche Weg der Elisabeth Langgässer aus dem magischen Raum des modernen Naturgedichtes, in der erlebten Polarität von pa-

nischem »Samen« und marianischem Erlösungsruf, sei nur angedeutet.)
So findet sich bei Krolow öfters eine gewisse Diskrepanz zwischen dem elegischen Nichtigkeitschauer und der strophischen, klaren Liedform. Diese gelegentliche Unstimmigkeit zwischen Thematik und Form wird aber in den gelungensten Stücken dieser Art zu einem besonderen künstlerischen Reiz, fast wäre man versucht zu sagen, von dem Dichter bewußt eingesetzt – der Reiz des unaufhebbaren und doch formgebändigten Widerspruches zwischen »Lied« und metaphysischem Schauder, zwischen strophischem Sang und der Vergeblichkeit des Sich-Wehrens gegen die Trauer aus schwarzem Honig. Das Gedicht *Verlassene Küste* gehört dazu. Dieser poetische Reiz ist bis in jede Zeile ausgebreitet und nachzukosten. Es ist eines der schönsten Gedichte unserer Zeit geworden.

(1956)

Gerhard Schmid
»Gedicht für J. S.«

»Auf dem Dezember-Bahnsteig in der ersten Stunde nach Mitternacht
Dein Bild in die Kälte geschnitten,
Mit hellem Mantel, den Schal übers Haar getan,
Und einem im Abschied leuchtenden Gesicht!

Ich erfinde dich noch einmal im Augenblick der Trennung,
Dunkel vor Zärtlichkeit und dem Verlangen nach Glück,
Mit einer von Zuneigung leisen Stimme
In der winterlichen Frostluft.

Ich erfinde dich noch einmal: geschaffen nun,
Um mit mir zu gehen, einem anderen:
Mann im hochgeschlagenen Mantelkragen,
Der das Fenster im Fernzug-Abteil herunterläßt und winkt.

Du bleibst zurück, auf Fluten grauen Windes treibend,
Zurück mit Umarmung und Kuß und dem Geruch deiner Haut.
Das schwarze und weiße Schachbrett der Schneenacht
Liegt über deinem Gesicht; und ich weiß,
Daß nichts an dir für mich bestimmt ist.«

Schon nach dem ersten Lesen werden wir in einen eigentümlichen Bann genommen. Wir werden ergriffen von der resignierenden, aber nicht traurigen, von der wissenden, aber nicht bitteren Grundstimmung, die sich über die Zeilen legt.
Es kann in einem reimlosen, keinem metrischen Schema verpflichteten Gedicht, das sich mit unregelmäßiger Zeilen-

länge nur ungenau in eine strophische Blockform findet, nicht der Wohlklang der Reimworte oder der durchgängige Rhythmus der Verse sein, der uns diese Grundstimmung vermittelt. Wir sind also bei unserer Untersuchung auf andere Kriterien als die der äußeren Form angewiesen, um dem Gedicht fürs erste näher zu kommen. Soviel aber wissen wir: es handelt sich um ein Liebesgedicht, das den Augenblick der Trennung, wie er wohl in jeder Liebesbeziehung gegeben ist, beschreibt. Mann und Frau und ihre durch Zeit und Welt dauernde schicksalhafte Verflechtung werden vorgeführt. Wir wissen nichts über die Gründe der Trennung, und es wäre zu einfach, Schillers Wort »Der Mann muß hinaus ins feindliche Leben« als Motiv anzuführen. Wir spüren nur die Sehnsucht, beisammen zu bleiben, wir erfahren nur den mit rein geistigen Mitteln unternommenen Versuch, die Trennung zu verhindern, und wir erleben, wie die winterliche Landschaft durchaus als symbolischer Rahmen die beiden Menschen und ihre Bezogenheit zueinander umfaßt. Somit untersuchen wir das Gedicht auf

I. Inhalt und formal-dramatisches Element:

Mehr als ein anderes Genre der Lyrik vermag ein Liebesgedicht dazu führen, dramatische Intensität aufzuspüren. Der Konfliktstoff ist allein schon durch die Begegnung zweier Menschen vorhanden. So führt uns die erste Strophe den Schauplatz des Geschehnisses vor und die Frau als passive Komponente der Handlung wird uns bekannt. In der zweiten Strophe tritt der Mann aktiv handelnd auf, der den Ausgang, »noch einmal« sich besinnend, zu verändern sucht. Die dritte Strophe scheint für einen Moment die Trennung zu überwinden, vergleichbar der Scheinlösung im Drama. Zu Beginn der vierten Strophe aber ist das Ende gewiß: »Du bleibst zurück« und die »katharsis« mag zuerst für den Dichter erfahrbar sein, wenn er erkennen

muß, daß dem Menschen vom Mitmenschen, selbst von der geliebten Frau, nichts zu eigen ist.
Mit der Überschrift *Gedicht für J. S.* beginnen wir unsere Betrachtungen über

II. Aussage und Gehalt:

Mag auf den ersten Blick dieser Titel mit der Aufführung von unbekannten Initialen und der einfachen Gattungsbezeichnung noch nicht viel besagen, so sehen wir ihn nach dem Lesen der Strophen doch mit anderen Augen. Nur die Buchstaben J. S., die vor der Kenntnis des Textes für einen Mann wie für eine Frau stehen könnten, gibt der Dichter preis. Er nennt sein Gedicht nicht »An meine Geliebte«, oder »An Fanny«, »An Lili«, nicht einmal »Peregrina« oder wie immer die Namen der von Dichtern verehrten Frauen gewesen sein mögen. Wie eine ganz private, ganz stille Widmung nimmt sich dieser Titel aus, und nur der Dichter und die Frau, die ihm nahestand in dieser Abschiedsstunde, können wissen, wer gemeint ist. Verhalten und doch in einer schwebenden Offenheit erweist sich auch das Gedicht. Wie die Frau nicht genannt wird, so wird weder Leidenschaft noch Liebe expressis verbis beschworen, wird nicht an gemeinsames Glück und große Zeit appelliert. Das Gedicht wird bewahrt vor Sentimentalität und peinlicher Selbstenthüllung, ohne Sentiment und Bekenntnis zu leugnen.
In der ersten und dritten Strophe werden die Partner beschrieben: Die Frau »mit hellem Mantel, den Schal übers Haar getan« – sie trägt wie hundert andere Frauen ihre Winterkleidung. Gleichsam als Schattenriß »in die Kälte geschnitten« erscheint sie, wir lernen nur ihre äußere Erscheinung kennen. Von ihrem Denken, ihrer Liebe erfahren wir in dieser ersten Strophe nichts. Auch der »Mann im hochgeschlagenen Mantelkragen« unterscheidet sich äußerlich in nichts von den hundert anderen Fahrgästen des Nachtzuges. So mögen die zwei Personen in der Anonymität

des nächtlichen Bahnhofs von Fremden gesehen werden. Wir aber erfahren mehr: Um diese zwei Menschen tut sich ein Raum auf, in dem sie alleine stehen. Weder der Lärm des Bahnsteigs, noch das Fauchen der Lokomotiven, noch die Abfahrtssignale und das Gedränge der Passagiere wird ihnen bewußt. Auch wir als Leser und damit Mitempfindende werden in dieses stille Zentrum einbezogen und wie im Auge des Orkans bewahrt. Wir hören von allem nur die leisen Stimmen der Liebenden, die wie Beschwörungen klingen. Noch einmal »er-findet« (im Sinne von neu finden) der Mann die Frau »im Augenblick der Trennung«. Es ist das letzte Sich-bewußt-Werden des geliebten Menschen, das vielleicht im kritischen Moment der Entscheidung stärker empfunden wird als im Gleichlauf des Alltags. Es ist aber auch zugleich die letzte Auflehnung gegen die Tatsächlichkeit des Lebens, das den Abschied fordert. Vielleicht mag die Frau, dem Mittelpunkt allen Lebens naturgegeben näher stehend, die Notwendigkeit dieser Trennung eher erfassen; wie sonst könnte ihr Gesicht im Abschied »leuchten«?
Der Eindruck der Frau als bekanntes Wesen, die an der Bahnsteigkante stehen mag, über deren Gesicht die Lichtreflexe der beleuchteten Abteilfenster huschen, verlischt immer mehr und macht der Erkenntnis des einsam Gewordenen Platz: »und ich weiß, daß nichts an dir für mich bestimmt ist.« Die große Szene ist gespielt, die Möglichkeit, Glück und Geborgenheit zu finden, verspielt. Gemessen, aber unerbittlich stellt sich das Wissen, allein in der Welt zu sein, ein mit Worten, deren Einsilbigkeit und deren Rhythmus das Gedicht unerbittlich dem Ende zuführen:

»(. . .) und ich weiß,
Daß nichts an dir für mich bestimmt ist.«

Überblicken wir abschließend das Gedicht auf seinen Satzbau, so fallen uns einige Stileigenheiten auf, die uns auch auf diesen gegliederten Aufbau, der auf die pointierte Schlußwendung angelegt ist, hinweisen. Die erste Strophe, eine Aneinanderreihung optischer Eindrücke ohne Hauptverb, schließt mit einem Ausrufezeichen. Sie also bildet die Grundlage, macht aufmerksam auf das Kommende. In der zweiten Strophe ist grammatikalisch nicht zu klären, ob der Mann »dunkel vor Zärtlichkeit (...) mit einer von Zuneigung leisen Stimme« die Frau erfindet oder ob die Frau in der Phantasie des Mannes durch sein »Er-finden« nun »mit einer von Zuneigung leisen Stimme« zu ihm spricht. Wir mögen aus dieser unklaren syntaktischen Konstruktion schließen, daß Zärtlichkeit, Verlangen nach Glück und Zuneigung von Mann und Frau in dieser Abschiedsstunde zu gleichen Teilen gewünscht werden. Die dritte Strophe steigert sowohl durch die anaphorische Stellung eines ganzen Satzes die Intensität des Wunsches, als sie auch den Beginn der vierten Strophe zu beschleunigen scheint, der dann mit der schmerzlichen Erfahrung »Du bleibst zurück« einsetzt und das Geschehen unabwendbar macht. Schließlich wird dann im letzten Satz das Wissen über die instinktiven Grundregungen des menschlichen Herzens gestellt. Erst von dieser Sicht aus kann Gefühl und Leidenschaft zur gestalteten Form, zum Gedicht werden. Um die Richtigkeit unserer bisherigen Erkenntnisse zu überprüfen, müssen wir zu einer noch kleineren Einheit, als sie der Satz und seine Konstruktion darstellt, vorgehen. Wir befassen uns mit der

III. Wortfeldanalyse:

Wenn wir die einzelnen Substantiva, die die Aussage des Gedichts tragen – und ihr Verhältnis zu den Verben ist 2 : 1, es liegt also ein ausgesprochener Nominalstil vor –, auf ihre Herkunft und Bedeutung untersuchen, so lassen sich zwei deutlich voneinander geschiedene Ebenen abfragen:

1. Wörter, die einen Sachverhalt oder ein Ding benennen und
2. Wörter, die sich als nicht dingbezogen und nicht konkrete Sachverhalte benennend erweisen.

ad 1) Bahnsteig, Stunde nach Mitternacht, Kälte, Mantel, Schal, Haar, Gesicht, Augenblick, Stimme, Frostluft, Mann, Mantelkragen, Fenster, Fernzug-Abteil, Haut, Schneenacht.

ad 2) Abschied, Trennung, Zärtlichkeit, Verlangen, Glück, Zuneigung, Umarmung, Kuß, Geruch.

In Strophe eins und drei läßt sich eine Häufung der zu (1) gehörigen Wörter feststellen. Wir können daraus folgern, daß diese Strophen vor allem einen konkreten Sachverhalt vermitteln werden: eingangs wird gleichsam topographisch der Ort des Geschehens und die äußere Erscheinung der Beteiligten angegeben. An Handlung, vor allem an innerer Dramatik, ereignet sich noch nichts (vgl. II). In Strophe drei, die wir einer Scheinlösung verglichen (vgl. I), wird durch die Art der Wörter der Versuch gestützt, die beschworene Zärtlichkeit gleichsam in den Fernzug mitzunehmen, also trotz des Abschieds sich nicht zu trennen. Hier ereignet sich Handlung; die Verben erweisen es, es sind Verben der Bewegung: gehen, herunterläßt, winkt. Hier also wird der Umschwung zum Ende erkennbar. In der zweiten Strophe finden wir die Vielzahl der unter (2) aufgezählten Wörter. Fast scheint die leise warme Stimme die winterliche Frostluft vergessen zu machen, fast scheint sie das Eis der Trennung zu schmelzen. Noch einmal kommt die Wärme und Geborgenheit, die sich in dieser Liebesbeziehung befunden haben mag, ganz zum Durchbruch. Um so unerfindlicher wird die Notwendigkeit des Abschieds und um so tiefer trifft die pointierte Schlußwendung. Durch diese Erkenntnis aber wird der Schmerz aus aller Individualität gelöst und nur von dort her ist die Trennung erträglich. In diesem Sinn ist das vorliegende Gedicht typisch für die moderne Lyrik, die nicht

dem Gefühl, sondern dem Wissen die Entscheidung überantwortet.
Bei der Aufzählung der Substantive haben wir mit Absicht einige nicht berücksichtigt. Sie mögen uns jetzt zum letzten Punkt unserer Überlegungen führen.

IV. Die Bilder:

Sie finden sich als Metaphern vor allem in der letzten Strophe, was unsere Annahme von einem organischen Aufbau des Gedichts beweist. Die Bilder verändern während des Gedichtablaufs ihre Struktur. Wir können drei Arten feststellen:
1) das Zeit-Ort-Gefüge: »Dezember-Bahnsteig«
2) das Konkret-Abstrakt-Gefüge:
»Bild in die Kälte geschnitten«
»Augenblick der Trennung«
»von Zuneigung leise Stimme«,
3) die Metapher, die die konkrete Umwelt in die menschliche Ich-Du-Beziehung im Augenblick des Abschieds verfremdend hereinnimmt:
»auf Fluten grauen Windes treibend«
»das schwarze und weiße Schachbrett der Schneenacht«
Von der Wortkombination »Dezember-Bahnsteig«, die die unfreundliche Kühle der Umwelt verdeutlicht, über die Fügung »dein Bild in die Kälte geschnitten«, die auch den geliebten Menschen in diese Umwelt einbezieht, kommen wir zu einem vorläufigen Höhepunkt in der zweiten Strophe:

»Mit einer von Zuneigung leisen Stimme.«

Hier vereinigt sich Konkretes mit Seelischem, wenn die Stimme nicht mehr bloßes Informationsmedium ist, sondern Ausdruck geheimster Regungen wird. Dort aber, wo das optimistische

»Ich erfinde dich noch einmal: geschaffen nun,
Um mit mir zu gehen«

in die Resignation des »Du bleibst zurück« umkippt, setzt die gewaltige Verdichtung des Geschehens durch die eigentlichen Metaphern ein:

»auf Fluten grauen Windes treibend«:

der Wind erhält in einer Art Verdinglichung Gestalt, wobei durch die Zuordnung des Adjektivs zum Wind, das eigentlich die Farbe der Fluten schildern soll, ein Verfremdungseffekt ins Bild gebracht wird. Auch der Blickwinkel verändert sich: Nicht die Frau treibt auf den Fluten, sondern dem Mann, der aus dem fahrenden Zug noch winkt, erscheint sie so, obgleich er es ist, der dahingetrieben wird. Zurück, das entscheidende Wort wird noch einmal aufgenommen und Umarmung, Kuß und der »Geruch deiner Haut« werden in diesem Moment zu verlorenen Dingen. Ein vollständig geschlossenes metaphorisches Bild treffen wir an:

»Das schwarze und weiße Schachbrett der Schneenacht
Liegt über deinem Gesicht;«

Wir vermögen dieses Bild nicht letztgültig aufzuschlüsseln, obwohl wir wissen, was gemeint ist. Die Indifferenz aller menschlichen Strebungen vermögen wir wohl zu ahnen – schwarz und weiß, keine Farbe und die Synthese aller Farben des Spektrums, aber eben beide indifferent, nicht wirklich Farbe – Schachbrett, auf dem wir Menschen nach unerfindlichen Gesetzen wie Figuren geschoben werden, genauso chiastisch wie die Vokale a-e/e-a – Schneenacht, die die Welt in wenigen Stunden verändert – all das sind Assoziationen, die sich als möglich aber nicht als einzige anbieten und die den Kern der Aussage nicht treffen. Verdeutlicht wird das Unerfindliche jeder Liebesbeziehung, das wir schon in der zweiten Strophe bemerkten; das Schwebende, das sich schon in der Vermengung zweier Wortebenen zeigte, ist das eigentliche gestaltete und gestaltende Moment. Daß aber von diesem schwankenden Standort aus ein Weg zur Fixierung in der Gestaltung gefunden werden kann, der auch den Standort wieder sicher macht, das ist der Beweis, daß auch in dieser Zeit und unter diesen Umständen echte Dichtung sich ereignet.

(1967)

Hans Schorer

»Der Augenblick des Fensters«

Im Wintersemester 1960/61 übernahm Karl Krolow, der als freier Schriftsteller in Darmstadt lebt[1], die Gastdozentur für Poetik an der Universität in Frankfurt. Er begann seine erste Vorlesung mit einem Zitat des französischen Lyrikers René Char, das dieser einem seiner Gedichtbände vorausgeschickt hatte:

»Wenn man gelten läßt, daß die Poesie, ungewöhnliches und fünftes Element, ihre Planeten in den inneren Himmel des Menschen sät und ihnen Raum schafft, um besser sichtbar zu sein, und Ausweg, um zu verschwinden, dann gehorchten die Gedichte in meinem geistigen Bereich den Anforderungen eines Gewaltmarsches ins Unsagbare, mit keiner anderen Wegzehrung als den vagen Vorräten der Sprache und dem Manna der Beobachtung und Ahnung.«[2]

Man darf diesen »Gewaltmarsch ins Unsagbare« mit den »vagen Vorräten der Sprache«, aber gestützt auf die »Beobachtung und Ahnung« des Künstlers wohl zur Kennzeichnung der zeitgenössischen Lyrik und damit auch der Gedichte von Karl Krolow selbst in Anspruch nehmen. Der Leser, der den Autor auf diesem »Gewaltmarsch« begleitet, kann sich zunächst nur an die »vagen Vorräte der Sprache« halten, die sich vermißt, auch das »Unsagbare« noch auszusprechen. Was von künstlerischer Schau und Ahnung darin beschlossen ist, muß er selbst nachvollziehen, nachdem er mit den Augen des Künstlers sehen gelernt

1 Über das Leben und Schaffen von Karl Krolow kann man sich orientieren in: *Über Karl Krolow*, hrsg. von Walter Helmut Fritz, Frankfurt 1972 (= edition suhrkamp 527). In diesem Band finden sich auch weitere bibliographische Hinweise.

2 Karl Krolow, *Aspekte zeitgenössischer Lyrik* (= List Taschenbuch Nr. 249), München 1963, S. 8 (Veröffentlichung der gesamten Vorlesungsreihe).

hat. Dazu bedarf es einer vertrauensvollen Hingabe und Geduld, denn diese Lyrik hat das mit der modernen Malerei gemein, daß man mit ihr eine Zeitlang zusammenleben muß, bevor sie sich erschließt. Es sollte dem Leser der Mühe wert sein, um ein Bild oder einen Vers, hinter dem vielleicht die jahrelange Arbeit eines Künstlers steht, so lange zu ringen, bis ihm sein Sinn offenbar wird und sich die Erwartung, die er in die Kunst gesetzt hat, erfüllt. Er wird dadurch bereichert für sein ganzes Leben.

Im folgenden ist der Versuch einer angehenden Lehrerin wiedergegeben[3], die einen eigenen Weg gesucht hat zu dem Gedicht *Der Augenblick des Fensters*. Sie hat dargelegt, was ihr das Gedicht selber sagt, welchen Plan sie für eine Unterrichtsstunde im 6./7. Schuljahr entworfen hat und wie diese Stunde nach einer protokollarischen Aufzeichnung verlaufen ist. Anschließend wurden von ihr noch schriftliche Äußerungen der Schüler über dieses Gedicht ausgewertet. Die Arbeit war nicht gesteuert oder durch besondere Gegebenheiten vorbereitet. Sie ist das Ergebnis eigener Überlegungen der Verfasserin auf Grund der Möglichkeiten ihres Studiums. Darum sollte sie jedem Lehrer Mut machen, auch ein solches Verhältnis zur zeitgenössischen Lyrik zu suchen und die Schüler an die moderne Dichtung heranzuführen. Die Arbeit macht in ihrer originalgetreuen Wiedergabe auch deutlich, wo die Grenzen eines solchen Versuches liegen und läßt Überlegungen aufkommen, wo man vielleicht methodisch geschickter ansetzen könnte. Aber als Ganzes weist sie so viel Beachtenswertes auf, daß sie Ratsuchenden reichen Gewinn bringt. Auch von den selbst noch Lernenden kann man gut lernen. – Es folgt der Text:

»Jemand schüttet Licht
Aus dem Fenster.
Die Rosen der Luft

3) Auszug aus der Examensarbeit für das Lehramt an Volksschulen von Marianne Herdemerten (Pädagogische Hochschule Bonn 1962).

Blühen auf,
Und in der Straße
Heben die Kinder beim Spiel
Die Augen.
Tauben naschen
Von seiner Süße.
Die Mädchen werden schön
Und die Männer sanft
Von diesem Licht.
Aber ehe es ihnen die anderen sagen,
Ist das Fenster von jemandem
Wieder geschlossen worden.«

In der Überschrift sind zwei Begriffe aus dem Bereich des Sehens miteinander verbunden: Augenblick und Fenster. »Augenblick« bezeichnet eine kurze Zeiteinheit, in der das Auge sich öffnet, blickt und wieder schließt. Durch die Zusammenfügung des Bildbegriffes »Augenblick« mit »Fenster« wird dieses zu einem Symbol für die Ermöglichung des Durchblickens, des Ein- oder Ausblicks. Mit dieser Überschrift ist der Umkreis des Gedichtes genannt und schon deutend beschrieben.

Das Geschehen in diesem Augenblick ist Gegenstand des Gedichtes. Es gliedert sich in drei Abschnitte:
1. Ausschüttung des Lichts, 2. Wirkungen des Lichts, 3. Schließen des Fensters.

Dem ersten Satz des Gedichtes wird durch den Begriff »Licht« die unmittelbare Verstehbarkeit genommen. Lautete der Satz: Jemand schüttet Wasser aus dem Fenster, so wäre das eine banale Aussage. Diese Banalität schwindet in der Ausdrucksweise »Licht ausschütten« völlig. Dieses Bild erscheint uns ungewöhnlich, obwohl es genug Redewendungen gibt, die dasselbe Bild ausdrücken: von Licht überflutet, übergossen. Das Ungewöhnliche dieses Ausdrucks erklärt sich daraus, daß hier eine Person, ein Jemand tätig ist. Die uns geläufigen Redewendungen haben passivische Natur, sie verhüllen, von wem der genannte Zustand bewirkt wurde. Indem Krolow in dieser Weise spricht, exponiert er zweierlei: »Jemand« und »Licht«. Der Begriff »Licht« erweist sich als Zentralbegriff des Gedichtes, er leistet Verbindung zum Gemeinten und läßt auch das übrige als Metapher erkennen, die einer Erklärung bedarf.

Wir erwarten sie aus dem folgenden, das zunächst die Wirkungen des ausgeschütteten Lichts beschreibt. Die Gegenstände, an denen sich die Wirkungen zeigen, ordnen sich in der Weise, daß Flora und Fauna mit dem Menschlichen abwechseln in der Form a-b-a-b. Dabei fallen die Sätze, die sich auf die Natur beziehen, heraus: »Die Rosen der Luft blühen auf«, und »Tauben naschen von seiner Süße«. Rosen und Tauben assoziieren den Symbolgehalt der Liebe und des Friedens, der Unschuld. Das erscheint fast klischeehaft, doch wird dieser Eindruck genommen durch den verbalen Zusammenhang, in dem sie stehen. Rosen werden zu »Rosen der Luft« verfeinert, das ist eine verkürzte Metapher für: Rosen wie aus Luft. Die Süße wird verstofflicht, so daß die Tauben davon naschen können.

Dadurch, daß der Dichter aus der Vielfältigkeit der Natur Tauben und Rosen auswählt als die Gegenstände, auf die sich die Wirkung des Lichtes erstreckt, charakterisiert er das Licht. Wie sind diese Wirkungen des Lichtes beschaffen? Sie sind positiver, fördernder, beseligender Natur. Das Licht läßt aufblühen, die Augen erheben, von seiner Süße naschen, es verschönert und besänftigt.

Während im Wesen der erwachsenen Menschen, Männer und Mädchen – Mädchen aus klanglichen Gründen für Frauen –, sich eine Wandlung vollzieht (innerlich-äußerlicher Vorgang), geschieht bei den Kindern keine Wesens-, sondern nur eine Aktionsänderung. Sie gehören noch zum Bereich der unschuldigen Natur. Das deutet der Dichter durch die Stellung an, er läßt Rosen und Tauben die spielenden Kinder einrahmen. Da sie wie die Kinder dem Wesen des Lichtes verwandt sind, verursacht das Licht bei ihnen keine Wesensänderung, sondern eine Wesensäußerung. Etwas Angelegtes wird in ihnen verwirklicht.

Die letzten drei Zeilen des Gedichtes, die das Schließen des Fensters aussagen, weisen in deutlich zyklischer Form auf den Anfang des Gedichtes zurück. Der letzte Satz ist Gegenpol zur Überschrift. Auch rein äußerlich setzt er sich deutlich von den übrigen schlichten parataktischen Sätzen durch seine hypotaktische Form ab. Auch der Ton des Gedichtes ändert sich mit diesem letzten Satz. War die Bewegung bis hierhin aufsteigend, so senkt sie sich jetzt in leiser Trauer wie das Lid über das Auge. Eine Wand hat sich vor das Licht geschoben.

Die Wirkung des Lichtes wird denen, die im Licht stehen, nicht bewußt. Der Augenblick des geöffneten Fensters, durch das sich Licht ergießt, ist derart kurz, daß die anderen, die die Veränderung bei den im Licht Stehenden bemerken, ihnen diese nicht mehr mitteilen können. Denn mit dem Schließen des Fensters erlischt auch die Wirkung des Lichtes.

»Augenblick des Fensters« – ein Fenster erfüllt einen Augenblick seinen Sinn, indem es aufgetan wird wie ein Auge, das blickt, wie ein Herz, das sich öffnet. Und mit diesem Blick, diesem Erkennen, fließt das Licht der Liebe auf die Welt, das alle Dinge aufstrahlen läßt in ihrem eigentlichen Glanze. Im Augenblick des Fensters geschieht ein Brückenschlag zwischen Diesseitigem und Jenseitigem durch das Ausschütten des Lichtes, das Liebe und Frieden mit sich bringt. Diese Kommunikation ist beseligend, aber daß sie nur einen Augenblick währt, ist das Beängstigende. Da man weiß, daß dieser Augenblick als positiver Augenblick sich aus seinem Zeitkontinuum heraushebt, muß dieses Zeitkontinuum anders geartet sein. Die kurzen lichtvollen Augenblicke stehen einer langen Zeit des Schattens gegenüber. Die optimistische Schilderung der Wirkung des Lichtes provoziert das Denken an das Gegenteil, an die

Stumpfheit, die Schattenhaftigkeit des Daseins. Das beweist auch deutlich der abgehobene Schlußteil, der mit einem kontrastierenden »aber« räsonierend beginnt.
Damit enthält das Gedicht eine gewisse Antithetik zwischen der Erfahrung irdischer Fülle und Erfüllung einerseits und andrerseits der Erfahrung von der Heimsuchung des Menschen durch die zeitliche Vergänglichkeit, durch den Augenblickscharakter des Wesentlichen, das einer langen Dunkelheit und Leere des Unwesentlichen gegenübersteht.

Unterrichtsversuch (6./7. Schuljahr)

Unterrichtsplan

I. Lektüre und Vortrag
Das Gedicht wird angeschrieben. Die Kinder lesen leise mit. Einzelne Schüler sollen das Gedicht vorlesen.
Das optische Bild soll in ein Klangbild umgesetzt werden: sinnvolle Pausierung der Zeilenenden. Durch diese Form der Beschäftigung soll das Gedicht den Kindern vertraut werden.
II. Zuklappen der Tafel. Probe, wieweit der Text des Gedichtes den Kindern durch die Vortragsübung vertraut geworden ist. Der Text wird von den Kindern aus dem Gedächtnis zusammengetragen. Einige Kinder werden aufgefordert, das Gedicht auswendig zu sprechen, andere helfen dabei.
III. Erarbeitung der Bildwelt
I. Feststellung des Ungewöhnlichen,
a) »Licht ausschütten« (Schildbürgerstreich),
b) »Rosen der Luft«,
c) »Naschen von seiner Süße«.
2. Neben dem Ungewöhnlichen steht das Gewohnte. Es wird aufgezählt.
3. Wodurch kommt der Charakter des Ungewöhnlichen zustande?
IV. Aus der Tatsache, daß disparate Dinge im Satz vereint

erscheinen, soll der Verweisungscharakter der Sprache einsichtig gemacht werden.
Wirkungen des ausgeschütteten Lichts
1. an welchen Gegenständen?
2. in welcher Weise?
V. Aus diesen Wirkungen soll auf das Bewirkende zurückgeschlossen werden. Die Kinder sollen erkennen, daß »Licht« als die zentrale Metapher den Schlüssel zur Deutung des Gedichtes bedeutet.
VI. Versuch, den Begriff »Augenblick« zu bestimmen. Dauer des Augenblicks – Dauer der Lichtwirkung.
VII. Zusammenfassung und erneuter Vortrag.
VIII. Hausaufgabe: Meine Gedanken zu diesem Gedicht.

Unterrichtsprotokoll

(Das Protokoll ist ein Stenogramm des Klassenlehrers.)

L.	Heute sollt ihr ein neues Gedicht kennenlernen, jeder von euch liest es ruhig für sich durch. Dann meldet euch!
	Einzelne Kinder lesen das Gedicht zunächst stokkend, dann etwas flüssiger vor.
L.	Warum hat wohl der Dichter die Sätze nicht zu Ende geführt?
Sch.	Ich glaube, daß man auf das Wort Fenster aufmerksam gemacht werden soll . . . auf das Licht . . . Man merkt, was besonders hervorgehoben wird . . . Vielleicht muß man da eine kleine Pause machen!
L.	Welche Wörter sollen denn noch hervorgehoben werden?
Sch.	Licht, Fenster, Straße, Spiel.
	Mehrere Schüler versuchen, die Pausierung am Zeilenende zu lesen. Ein Schüler und eine Schülerin bringen schließlich eine gute Vortragsleistung zustande. Die Vortragsübungen dauerten etwa 15 Minuten.

L. Ihr kennt ja das Gedicht bald auswendig!

Die Tafel wird zugeklappt, und die Klasse trägt gemeinsam den Wortlaut des Gedichtes zusammen. Die einzelnen Zeilen werden so, wie sie genannt werden, an die Tafel geschrieben und zum Gedicht geordnet.

L. Was ist euch bei diesem Gedicht besonders auffällig?

Sch. Jemand schüttet Licht aus dem Fenster . . . Die Mädchen werden schön und die Mäner sanft von diesem Licht . . . Sie heben die Augen . . .

L. Wohin blicken sie?

Sch. Sie blicken nach oben.

L. Was ist weiter ungewöhnlich?

Sch. Die Tauben naschen von seiner Süße, das ist komisch.

L. Was ist an den Sätzen komisch?

Sch. Man kann doch nicht Licht aus dem Fenster schütten. Die Rosen der Luft, das ist ungewöhnlich.

L. Setzt einmal etwas anderes dafür ein!

Sch. Die Rosen des Gartens blühen auf.

L. Die Tauben naschen von seiner Süße. Was ist hier ungewöhnlich?

Sch. Süße des Lichts?

L. Wovon könnten die Tauben naschen?

Sch. Vom Futter.

Einzelne Sätze werden analysiert. Es ergibt sich, daß die Wörter: Licht, Luft, Süße Sätzen der Alltagssprache einen ungewöhnlichen Charakter verleihen und sie zum Gedicht machen. Sie verweisen auf das Gemeinte, das im folgenden durch die Wirkungen erschlossen wird.

L. Was haben denn Licht, Luft und Süße gemeinsam?

Sch. Vielleicht etwas Schönes?

L. Wie kommst du darauf?

Sch. Nun, wenn jemand an Gott und Jesus glaubt,

sagt man doch: Er hat Licht in seinem Herzen. Und das ist etwas Schönes.

L. Wenn Kinder beim Spiel die Augen heben, muß da nicht etwas Besonderes passieren?

Sch. Vielleicht kommt ein Flugzeug? Ich höre den Motor brummen.

Die Antworten der Kinder entfernen sich immer mehr vom Gedicht. Der Lehrer weist sie auf das Gedicht zurück.

L. Warum blühen die Rosen der Luft auf?

Sch. Die Rosen freuen sich über das Licht ... Wo die Rose noch nicht auf war, war es dunkel, und nun blüht die Rose auf ... Vielleicht beginnt der Sommer? ... Die Welt wird schöner.

L. Welcher Teil der Welt?

Sch. Die Natur ... Man stellt sich die ganze Luft wie eine Rose vor.

L. Wer hat das bewirkt?

Sch. Das Licht ... Jemand.

L. Woher kommt das Licht?

Sch. Von Gott ... Vom Frühling ... Wenn es Frühling wird, schüttet jemand etwas aus dem Fenster, genau wie bei Frau Holle ... Vielleicht macht man im Frühling die Fenster auf ... Der Frühling kann doch kein Augenblick sein, er dauert doch lange.

L. Wie lange könnte der Augenblick dauern?

Sch. Einen Tag ... Vielleicht einen Sonnenstrahl?

L. Was bedeutet das Licht?

Sch. Vielleicht Jesus? Jesus ist ja das Licht der Welt ... Vielleicht der Strahl des Auges ... der Blick des Auges? ... Das Auge ist wie ein Fenster.

L. Was bewirkt der Blick?

Sch. Daß alles schöner wird ... Der Augenblick ist vielleicht der erste Blick am Morgen, wenn man die Augen aufschlägt.

L. Wird dadurch aber alles schöner?

Sch. Vielleicht guckt Gott durch das Fenster? ... Gott schaut durch das Licht zu uns ... Die Natur wird dann schöner.

L. Wer noch?

Sch. Die Menschen ... Ich wollte noch etwas sagen: Das ist vielleicht der Anfang des Lebens ... Wenn die Mutter ihr Kind sieht, wird für sie alles schöner ... Für die Mutter wird die Natur schön ... Wie bei dem Licht von Jesus.

L. Hier ist aber nur von einem Augenblick die Rede?

Sch. Dieser Augenblick dauert vielleicht eine ganze Zeit ... Der Augenblick dauert vielleicht ein ganzes Leben.

L. Wird durch unser Leben das alles bewirkt?

Sch. Ja, wenn man jemanden lieb hat wie die Mutter.

L. Wen kann man liebhaben?

Sch. Mutter, Vater ... den Nächsten ... allen Menschen gegenüber kann man lieb sein.

L. Wem gegenüber kann man noch lieb sein?

Sch. Gott ... den Blumen ... den Tieren ... der ganzen Natur gegenüber.

L. Das Licht – wie kommt es denn, daß es von allen bemerkt wird? Was könnte denn mit Licht gemeint sein?

Sch. Die Liebe.

Nachbesinnung

Diese Stunde bewies mir, daß die Führung durch den Lehrer den Kindern besser über die Schwierigkeiten eines Gedichtes hinweghelfen kann, als wenn sie ihren eigenen Assoziationen überlassen bleiben. Leider gelang es mir nicht, die einzelnen Schritte des Unterrichtsplanes durchzuführen. Durch die Antworten der Kinder wurde ich von dem logisch aufgebauten Wege abgedrängt, so daß die Arbeit weniger einem gradlinigen Fortschreiten als einem kreisenden Betrachten glich.

Es war sehr erfreulich, festzustellen, daß die Kinder die Aufteilung in Verszeilen nicht als willkürlich empfanden, sondern selbst eine sinnvolle Begründung dafür gaben. Durch das häufige Vortragen war den Kindern das Gedicht so vertraut geworden, daß selbst schwierigere Wortverbindungen aus dem Gedächtnis angegeben werden konnten. Die Gegenwärtigkeit des ganzen Gedichtes verursachte das kreisende Betrachten.
Interessant war es für mich auch, festzustellen, daß die Kinder die beseligende Wirkung des Lichts nicht nur auf einen Augenblick beschränkt wissen wollten, sie weiteten den Augenblick auf die Spanne des Lebens aus. Ihre optimistische Einstellung zur Welt ließ sie dunkle Verweisungen und Mahnungen nicht erkennen.

Auswertung der schriftlichen Arbeiten

Bei der Auswertung dieser Aufsätze muß berücksichtigt werden, daß es die Ergebnisse einer von mir straff geführten Stunde sind. Nur so wird die bedeutend größere Ausführlichkeit und gedankliche Reife verständlich, die zuweilen solche Formen annimmt, daß man daran zweifeln könnte, ob die Arbeiten von den Schülern selbständig verfaßt worden sind. Die Arbeiten dieser Klasse sind nicht nur Übersetzungsversuche an einem verschlüsselten Text, sondern echte Deutungsversuche. Diese lassen sich in zwei Gruppen gliedern. Die einen deuten die Ausschüttung des Lichts als den Beginn des Frühlings und beschreiben seine beglückende Wirkung, die nicht von allen Menschen frühzeitig genug erkannt wird, d. h. bevor sich das Fenster des Frühlings wieder schließt. Die andere Gruppe erfaßt mehr den sinnbildhaften Charakter des Gedichtes und liefert eine religiöse Deutung. Gott schenkt seinen Geschöpfen die beglückende Liebe, an der wegen innerer Verstocktheit nicht alle teilhaben. Einige Kinder dieser Gruppe betonen weniger das Verhältnis von Gott und den Menschen, sondern sie sprechen von der Liebe als einer rein menschlichen Form der Begegnung, Liebe in der Form der Nächstenliebe.

Die schwer deutbare Zeitbestimmung, wann das Fenster wieder geschlossen wird, nämlich »ehe es ihnen die anderen sagen«, wird meistens umgedeutet in den Satz: aber ehe die anderen Menschen die Liebe erfahren, wird das Fenster wieder geschlossen. Diese Umdeutung wird dem Gedicht eigentlich nicht gerecht. Dennoch kann das nicht zum Anlaß genommen werden, dieses Gedicht als für die Volksschule zu schwierig abzulehnen.

Ein Kind kommt zu einer erstaunlichen Auslegung dieses Satzes. Es beschreibt das Erlebnis der Liebe als nicht aussagbar, es kann nur empfunden werden.

Die Aufnahmefähigkeit für dieses Gedicht war in dieser Klasse sehr groß. Ein wiederholter Umgang mit ihm könnte es zu einem bleibenden, bereichernden Besitz der Kinder machen. Bezeichnend für die Aufgeschlossenheit dieser Klasse ist es, daß jegliche negative Auseinandersetzung mit dem Gedicht fehlt. Es wird zwar gesagt, daß es schwierig sei, manche Kinder kokettieren geradezu mit dieser Schwierigkeit, um dann anschließend stolz ihre Deutung aufzuzeigen.

(1967)

Theo Meier-Ewert

»Niederlage des Herbstes«

Erfahrungen in einer 4. Volksschulklasse

Zwei Arten von Gedichten sind es vor allem, die in Lesebüchern für untere Volksschulklassen unterschieden werden können: Die eine will nützliche Lehren, Lebensweisheit und biedere Moral vermitteln, die andere erzählt – ernst oder heiter – Anekdotisches und gipfelt zumeist in einer im Sinne des Autors beherzigenswerten Pointe. Daneben gibt es in mancherlei Abwandlungen das sentimentale Naturgedicht, das durch herzige Sujets, durch gefühlsselige Adjektive und reichliche Verwendung von Diminutiven auf das Gemüt wirken will und – durch keinerlei Substanz gerechtfertigt – Emotionen weckt.

Gemeinsam ist diesen Gedichten, daß sie den Zugang zur Lyrik eher erschweren als erleichtern. Es ist gereimte Prosa, die sich als Poesie ausgibt; hat das Kind die gemeinte »Aussage«, die Pointe verstanden, erlischt das Interesse, die Aufgabe scheint gelöst. Die Eigengesetzlichkeit jeder Lyrik, ob sie nun durch Sprache und Metaphorik die Wirklichkeit interpretiert oder eine autonome Welt erzeugt – diese Eigengesetzlichkeit kann an so ungeeigneten Objekten nicht erfahren werden.

Was ist die Folge solcher Beschäftigung? Zunächst jene falsche, aber sehr verbreitete Auffassung, die alles Gereimte, und sei es in sich auch noch so ungereimt, für Lyrik hält. Dazu kommt: zumindest bei traditionellen Gedichten wird sich die Aufmerksamkeit auch später allein auf die »Aussage« richten.

Indessen: Kinder stehen Gedichten völlig voraussetzungslos gegenüber. Einsicht in Formstrukturen, geschweige denn Kenntnisse, können natürlich nicht erwartet werden. Eine

Ausnahme gibt es freilich: Klangmalerei, aus den Kinderversen der Vorschulzeit längst bekannt, wird sofort verstanden, weil sie Vertrautes aus der umgebenden Wirklichkeit naturalistisch wiedergibt; doch dies hilft wenig weiter. Ist das Dilemma mit seinen oben geschilderten Folgen also unauflösbar? Bleibt die Beschäftigung mit Pseudolyrik, die kindgerechte Inhalte vermittelt, zwar bedauerlich; aber, im Hinblick auf das Fassungs- und Erlebnisvermögen dieser Altersstufe, unvermeidlich?

Ein möglicher Ausweg aus diesem Zwiespalt sei hier angedeutet: Ein Gedicht, das Schulkindern zumindest eine Ahnung von der Besonderheit der poetischen Ausdruckswelt vermitteln soll, darf, das ergibt sich aus dem bisher Gesagten, nicht auf Anhieb verstanden werden, muß zunächst befremdend wirken und Neugier erregen. Sprachlich-stilistische Erläuterungen können zwar nicht gegeben werden; übrig aber bleibt der Zugang über die Metaphorik. Sie sollte in ihren Elementen freilich der vertrauten Umgebung des Kindes entstammen und ohne Fremdwörter und Anspielungen auskommen. Schließlich muß das Gedicht »welthaltig« sein; abstrakte Themen sind ungeeignet, hierzu fehlt das Verständnis.

Nach diesen Gesichtspunkten wurden für den im folgenden beschriebenen Versuch drei Gedichte von Karl Krolow ausgewählt: *Spätsommer, Niederlage des Herbstes* und *Winter;* alle behandeln Vertrautes und erfordern, abgesehen von dem mythologischen Verweis im ersten Gedicht, keine weiteren Erläuterungen.

Diese Gedichte wurden in einer Klasse des vierten Schuljahrs behandelt. Dabei verfuhr man folgendermaßen: Das Gedicht, das ohne Überschrift an der Tafel stand, wurde mehrfach vorgelesen; dann sollten die Kinder eine geeignete Überschrift finden, gleichzeitig aber ihre Wahl begründen. Die vorgeschlagenen Überschriften – sie wurden jeweils durch einzelne Verse oder Worte des Gedichts belegt – trafen in fast allen Fällen den Originaltitel erstaunlich genau, zum Beispiel: (in der Reihenfolge der Titel) »September«, »Herbstende«, »Der Winter« und ähnliche. Im Anschluß daran wurden die Kinder auf einzelne Bilder hingewiesen und gefragt, was sie sich darunter vorstellten. Manches konnte dabei durch andere Beispiele erläutert und verdeutlicht werden; in der Hauptsache jedoch hatten die Kinder das Wort.

Niederlage des Herbstes

»Die Scheiterhaufen der Gärten
verbrennen das kurze Leben
der Farben.

Noch würzt die Asche des Thymians
die Luft der Einzelgänger.

Aber die Zeit
ist nicht verschwiegen.
Das Geräusch kommender Abschiede
ist hörbar.

Das Hochdruckblau,
die Augenblicke gereizter Klarheit,
werden dem Regen geopfert,
der die Niederlage
des Herbstes besiegelt.«

Wie reagierte nun die Klasse? Zuerst etwas ratlos und verblüfft (»das ist abstrakte Kunst«, »von Picasso«). Die Beteiligung aber war teilweise recht lebhaft; dabei fiel auf, daß nicht nur die aufgeweckteren, die sich oft meldeten, sondern auch andere Kinder Wesentliches zur Deutung beitrugen. Hier einige Beispiele zu den ersten Versen: »Die Blumen und Blätter werden zusammengekehrt und verbrannt«, »Die Blumen welken«, »Sie sind nur kurze Zeit bunt«,

»Die Farben verabschieden sich«. – Zu »Einzelgänger«: »Blätter an den Bäumen, die einzeln abfallen«, »Asche schwebt in der Luft«, »Die letzten Vögel«, »Menschen, die allein sind«. Und schließlich einige Erklärungen zu den letzten Versen: »Der Himmel ist ganz klar«, »Die Berge sind nah, wenn's schlecht wird«, »Bei Föhn sind die Menschen gereizt«, »Man ist gereizt, weil es jeden Augenblick regnen kann«, »Der Herbst kämpft mit dem Winter«, »Er verliert«. Die ersten Verse fand man »schön«, »angenehm« und »bunt«, die letzten »traurig«, weil von »Regen« und »Abschied« die Rede ist.

Keine der Erklärungen und Umschreibungen geht an dem Sinn des Gedichts vorbei; die zu »Einzelgänger« zitierten Beispiele zeigen überdies, daß die Kinder intuitiv ein sehr wesentliches Prinzip moderner Lyrik erfaßt haben: Die bewußt angewandte Bedeutungsvielfalt, die mehrere Deutungen gleichrangig nebeneinander bestehen läßt und jede genaue Festlegung vermeidet.

Um nun gewissermaßen die Probe aufs Exempel zu machen, wurde als nächstes Gedicht eine besonders abschreckende Reimerei aus dem Lesebuch behandelt.

Rehlein

»Durch den Tann am Winterabend
irrt ein armes kleines Reh.
Seine Läufe sind verwundet
von dem eisigharten Schnee.

Gras und Kräuter sind erfroren
und der Wald ist kahl und leer,
ach, es tut so weh der Hunger,
und die Kälte quält so sehr!

Unter einem Bäumlein lagert
zitternd sich das arme Reh.

Mit den großen braunen Augen
starrt es traurig in den Schnee.

Eis'ger Wind faucht aus dem Norden
und es kommt die finstre Nacht.
Rehlein schließt die müden Augen
– hat sie nicht mehr aufgemacht.«

Nachdem dieses Gedicht – in keiner Weise übertrieben – vorgelesen worden war, geschah etwas sehr Überraschendes: einige Kinder lachten, sie nahmen dem Autor die rührseligen Zeilen offensichtlich nicht ab, sondern fanden sie »schmalzig«. Aber das war eine Ausnahme; das Gedicht gefiel allgemein, auch »daß es sich reimt«, wurde lobend hervorgehoben, Mädchen vor allem rührte das Thema.
Die Besprechung ging nun so vonstatten: zuerst wurden die Adjektive untersucht; es zeigte sich, daß sie allesamt wenig charakteristisch, daß es mehr oder weniger Allerweltsworte sind. Dann sollten die Kinder das Gedicht zusammenfassen und seinen Inhalt nacherzählen; das Ergebnis war in Länge und Syntax mit der Vorlage nahezu identisch. Bei Krolow dagegen war die Nacherzählung bei weitem umfangreicher und anders strukturiert als der ursprüngliche Text; an diesem Resultat wurde dann die Wesensverschiedenheit von Lyrik und Prosa aufgezeigt.
Um schließlich dem Reim etwas von seiner Anziehungskraft zu nehmen, wurde eine Reihe von Reimen aus dem Gedicht diktiert, mit denen die Kinder, als freiwillige Hausaufgabe, selber einige Strophen verfertigen sollten; sie waren, nach allgemeinem Urteil, zum Teil besser als die Vorlage. Die Besprechung dieser Aufgabe ergab: Manche Kinder hatten durchaus verstanden, daß das Reh seine Existenz vorwiegend dem Schnee verdankt, daß der Inhalt der meisten Zeilen weniger wichtig als das Reimwort am Schluß ist.
Und der Erfolg dieser Bemühungen? In »geheimer Ab-

stimmung« entschieden sich zwei Drittel der Klasse für das »Rehlein«, ein Drittel für Krolow – ein Ergebnis, das, mit der gebührenden Vorsicht betrachtet, eigentlich recht erfreulich ist und gewiß nicht gegen Krolow spricht.

Ein Versuch, wie der eben geschilderte, könnte, mit einiger Regelmäßigkeit durchgeführt, bei manchen Kindern vielleicht ein Gefühl für Lyrik schaffen; andere erfahren zumindest, daß es nicht nur Lesebuchgedichte gibt. Und das wäre nicht die schlechteste Erfahrung.

(1967)

Zur literarischen Position

Literarische Vorbilder

Ich habe vor einiger Zeit und in einem anderen Zusammenhang gesagt, daß man sich literarische Vorbilder nicht aussuchen könne, wie man sich auch literarische Tradition nicht aussuchen kann. Man findet sie vor, diese große, nicht abreißende Entwicklungskette, in die man sich einfügen wird, der man nicht entrinnen kann, die einen bei der eigenen Arbeit einholt, wie sie *vor* Beginn der eigenen Arbeit *da* war. Natürlich spielt bei der Begegnung mit Vorbild und Tradition und sich solcher Begegnung anschließenden Auseinandersetzung mancher Zufall eine Rolle. Aber der Zufall war wohl stets eine Verbindung mit der individuellen Disposition eingegangen, die einem jungen Schriftsteller dazu verhilft, ein bestimmtes Vorbild, einen bestimmten Älteren aufzufinden und geheime Verwandschaft zu erkunden, geheime Hoffnungen plötzlich wahrzunehmen, jene unausgesprochenen Vermutungen über eine für literarische Individualität gleichsam prädestinierte Wesensart und Wesensäußerung verwirklicht zu sehen in der Erscheinung und in der Wirksamkeit eines anderen oder – wie in meinem Fall – im Laufe der Jahrzehnte – mehrerer anderer für mich vorbildlicher Schriftsteller des eigenen, des deutschen Sprachbereichs und fremden Sprach- und Literaturbereichs.

Vieles trifft ja bei einer solchen Begegnung aufeinander: Temperament und Alter, persönliche Umwelt und allgemeines Literaturklima, literarischer Zeitgeschmack, in dem man sich unversehens bestätigt findet oder dem man sich zu widersetzen versucht. Meine ersten schriftstellerischen Versuche fielen in die ausgehenden dreißiger Jahre, also mitten in die Zeit der nationalsozialistischen Ära, in der der Sprachgebrauch bei der Abfassung eines Gedichts genau geregelt und vorgeschrieben schien wie alles andere. – Daß das nicht immer so war, erfuhr ich durch einen jener Vorfälle und Zufälle, die einem wohl vorbestimmt sind. Ich lernte – wenngleich sie sehr versteckt publiziert waren – die frühen Gedichte Wilhelm Lehmanns kennen. Das war im Jahr 1935, und der Band des damals bereits über Fünfzigjährigen erster Versband, im Berliner Widerstandsverlag bei Niekisch erschienen, hieß *Antwort des Schweigens*. Über Lehmann bin ich dann auf Oskar Loerke gestoßen, überhaupt auf den ganzen literarischen Bereich, den man später und heute noch als die neue deutsche Naturlyrik bezeichnete. Sie hatte um die Jahrhundertmitte ihren Höhepunkt. Diese von einigen halb hämisch, halb respektvoll als sogenannte naturmagische Schule bezeichnete Entwicklungsphase in der Geschichte des deutschen Gedichts während des letzten Vierteljahrhunderts kam in den fünfziger Jahren mit ihrem Höhepunkt zugleich an ihre literarische Wirksamkeitsgrenze. Gewisse Monotonien, Orthodoxien, Zersetzungserscheinungen, die von vornherein in diesem in manchem anachronistischen Natur- und Landschaftsgedicht angelegt waren, kamen zum Vorschein, nicht nur bei den Mitläufern jener Tage, auch bei den Wortführern, den Meistern, bei Lehmann selber – Loerke war bereits zu Beginn des Krieges verstorben –, mehr noch bei der bald nach dem Kriege gestorbenen Rheinhessin Elisabeth Langgässer, dieser hochbegabten Erzählerin und Gedichtschreiberin.

Lehmann wies mich damals jedenfalls auf einen mir unerschöpflich scheinenden Stoff, auf Natur, hin, die immer noch deutlich von jenem Goetheschen »Naturgeheimnis« in der literarischen Praxis beeinflußt blieb, das es »nachzustammeln« galt. Ich sah damals nicht die Gefahren eines entschiedenen Autonomisierungsprozesses der Naturgegenstände und -kräfte, die sich im Laufe der Praxis aufdrängten, zunächst zaghaft, später drastisch, diese Selbstgenügsamkeit, die im Stoff lag, diese sehr schmale Basis, die – möglicherweise aus unbewußter Verlegenheit –

zu einem Detailzwang kam, der sich in einem Katalog an Einzelheiten aus Flora und Fauna verlor. Das Gedicht wurde auf solche Weise mit Detail gemästet. Es kam zu Hypertrophien. Die Mythophobie, die sich ins deutsche Naturgedicht einschlich, hatte etwas Provinzielles. Dieser Mythos liebte offenbar die Botanisiertrommel. Der Götterhimmel wirkte usurpiert und blieb durchweg Fremdkörper im Gedichtablauf. Die Usurpation war außerdem mühsam durchgeführt. Sie wurde nicht im poetischen Handstreich vollzogen. So blieb der Eindruck trotzigen Hantierens mit einer Sache, die sich in die Gegend hinter dem Walde verirrte wie ein Standbild in einen Schrebergarten.

Andererseits hatten Loerke, Lehmann durch ihr Komprimieren von Raum und Zeit im Gedicht zu einer deutschen Version eines poetischen Aperspektivismus gefunden, unabhängig und wahrscheinlich ohne Kenntnis von den Errungenschaften des modernen Gedichts im Westen Europas, unabhängig von Apollinaire, dem lyrischen Kubismus – wenn ich so sagen soll – seiner Freunde, der perspektivischen Revolution, die durch sie und durch die Surrealisten bald danach einsetzte. Der lyrische Objektivierungsprozeß bei Loerke, Lehmann und jener vorsichtig angewandte Aperspektivismus blieben für mich als Ansatzpunkte wichtig und bereiteten mich möglicherweise zum besseren Erfassen dessen vor, was mir bald nach dem Kriege, in den späteren vierziger, vor allem in den frühen fünfziger Jahren bei der Bekanntschaft mit der französischen und spanischen Lyrik zwischen den beiden Weltkriegen zugute kam. Mit dieser Bekanntschaft lernte ich im übrigen begreifen, was es heißt, in einem Kraftfeld von Reizungen, von Influenzen, von Modellen zu stehen, einem Ausstrahlungsbereich, bei dem nicht ein oder zwei oder drei Autoren, vielmehr ganze Autorengruppen, die Surrealisten und was ihnen unmittelbar folgte in Frankreich, die Lorca-Generation und deren Vorbilder Jiménez und Machado in Spanien, Einfluß nehmen. Mir scheint das charakteristisch für literarische Vorbilder in der zeitgenössischen internationalen Literatur zu sein: Ausdruck eines bestimmten Phänomens, dem des raschen *Umsatzes,* der ungemeinen »Verfügbarkeit« von Literatur, die Vorstellung von nationalen Nuancen hinter sich läßt, Phänomen und Folgeerscheinung eines rapiden Angebots von Strömungen, Versuchen. Mit ihr ergab sich für mich ein »Angebot« ganz neuer Möglichkeiten der Stoffbehandlung, unter Umständen desselben Stoffes, denn die Gegenstände – Landschaft, Jahreszeit – blieben auch weiterhin in Sichtweite, in Rufweite.

Ich lernte bei der Beschäftigung mit den Franzosen und den Spaniern etwas kennen, das inzwischen schon wieder Geschichte geworden war. Ich *holte nach,* wie andere nachholten, schnell, manchmal hastig, aber ungeheuer intensiv: den Surrealismus in seinen Ausprägungen und Verwandlungen. – Diese westeuropäische Literaturphase war, als ihre Wirkungen mich erreichten, längst ins Altern gekommen. Das Land, in dem sie von der Lyrik am wirkungsvollsten praktiziert worden war, Frankreich, hatte sich vom Surrealismus – bis auf einige Nachhutgefechte – abgewendet. Aber solcher Alterungsprozeß kam mir insofern zugute, als er mir bereits das zuführte, was die surrealistische Wort- und Bildbehandlung zu verarbeiten verstanden hatte.

Vor allem die vom Surrealismus geübte Metaphorik verhalf mir zu einer Lösung vom Stoffzwang des Naturgedichts oder brachte mich doch in ein anderes und neues Verhältnis zum Stoff. Die Überwältigung durch ihn, die sich im Gedicht als jene merkwürdige Benommenheit bekundete, wie sie für jene »Naturmagie« so oft eigentümlich war, wich einem souveränen Umgang mit ihm. Eine neue Gefahr tauchte auf. Anstelle der Knechtschaft des Stoffes konnte die Knechtschaft durch das Bild treten. Man kennt die metaphorische Illuminierung des Surrealismus, seine bengalischen Feuer, die er in Gedichten abbrennt. Aber ich war – wie schon gesagt – in einem Augenblick in die Nähe der Surrealisten geraten, in dem man die Wunderblumen ihrer Metaphern in *dem* erkannte, was unter anderem *auch* an ihnen zu erkennen war: in ihrer Künstlichkeit.

So hatte ich fortan eine Balance zwischen Stoff und Bild zu versuchen. Ich vermute, daß sich in meinen Gedichten durch solchen Versuch eine Art Schwebe-Vorgang einstellte. Gleichzeitig ereignete sich Schritt um Schritt die Zurückdrängung der Gegenständlichkeit. Gegenständliches wurde von mir – zunächst unbewußt – als Ballast, als Belastung empfunden. Aber ich muß hinzufügen, daß nicht nur der Gedicht-»Gegenstand«, sondern auch das poetische *Bild* zurückgedrängt wurde. Sie sehen, daß ich hier das Phänomen, den Vorgang, die Veränderung *allgemein* zu skizzieren versuche, ohne den Einfluß eines einzelnen hierfür namhaft zu machen, ohne einen bestimmten Namen heranzuziehen. Auch *dies* scheint mir eher meiner hier ausgesprochenen Vorstellung und Erfahrung vom »Kraftfeld« zu entsprechen, mit seinen vergleichsweise anonymeren, allgemeineren Wirkungen, mit ineinander übergehenden Wirkungen, Wirkungs-Überschneidungen, Wirkungs- und Einfluß-»Versetzungen«, die dann in einem Gedicht überraschende Kombinationen eingehen können. Es widerstrebt mir jedenfalls, allzusehr »Verantwortliche« zu suchen oder zu nennen, wenn auch dieser und jener genannt werden konnte und genannt werden wird. In keinem der späteren Fälle und der vorbildhaften Beziehungen ist für mich *derart* an einem Schriftsteller – Modell zu identifizieren und zu nominieren wie anfangs bei Lehmann, bei Loerke. Ich möchte das hier deutlich ausgesprochen haben. Da ich indessen diese beiden Schriftsteller vor verhältnismäßig langer Zeit – vor wenigstens zwei Jahrzehnten »passiert« habe, wenn Sie mir diesen Ausdruck gestatten – ist, bei weitaus größerer Distanz zu ihnen – es einigermaßen einfach, Unterschiede oder doch Einsichten zu fixieren, die einem nach der Beendigung derartiger »Passage« kommen.

Neben Loerkes und Lehmanns Behandlung von Raum und

Zeit in ihren Gedichten, neben diesem von mir als Aperspektivismus bezeichneten Vorgehen, bekam ich – hauptsächlich durch Lehmann – schon früh einen Blick für spröde Äußerungsweise. Lehmann hatte als Norddeutscher, überhaupt seinem ganzen Wesen nach, eine deutliche Kühle. In Verbindung mit meinem Versuch der Balance von Gegenstand und Bild, wie ich ihn andeutete, und angesichts der Erfahrungen, die ich mit einigen Franzosen wie Jean Follain und Guillevic machte, setzte bei mir – ohne daß eine Strukturänderung eintrat und eine bestimmte Thematik völlig aufgegeben wurde – eine lakonischere Sprachbehandlung ein. Weder ein »Überangebot« an Stoff, wie es sich bei der orthodoxen Naturlyrik entwickelt hatte, noch ein entsprechendes »Überangebot« an Bild in der Manier des Surrealismus, ermöglichten mir diese trockene, lakonische Tonlage, in der ich mich nach und nach zurechtfand. Denn das alles kann man sich nicht vornehmen. Es gibt keine poetischen Fahrpläne, wenn es auch zuweilen poetische Manöver gibt, zu deren Eigenart es zu gehören scheint, daß man bei ihnen von einem bestimmten Moment an die Inititative und den Überblick verliert und an irgendeiner Stelle auftaucht, die einen Ausblick auf Sackgassen bietet.

So habe ich mir auch das Ökonomische nicht vornehmen können, das sich möglicherweise in Gedichten der letzten zehn Jahre bei mir durchsetzte. Ich hatte im Grunde hierfür genausowenig bestimmte Modelle wie für den Vorgang des schrittweisen Aufgebens des Reimes. Vielleicht waren Ökonomie wie Reimlosigkeit Phänomene, die sozusagen in der Luft lagen, die allgemein geworden waren: Zurückdrängung von Aufwand, von Gewicht, von Geste im Gedicht. Jedenfalls war das eine wie das andere für mich ebenso zwangsläufig wie notwendig. Das Verschwinden des Reims als Vorgang ist zwar augen- und ohrenfällig, aber im Grunde nichts anderes als eine äußere Folge innerer Veränderungen. Mit der Reimaufgabe war etwas an die

Oberfläche gekommen: eine Folge der genannten Reduktionsvorgänge im Stofflichen und im Metaphorischen. Auch »Magie«, wie es das deutsche Naturgedicht praktizierte, das, was an dieser Magie von wirkungsvollem Zauber sein mochte, wurde damals vom Abbau des Reimes betroffen. Sie war damit um akustische und um visuelle »Effekte« gebracht worden. Ich muß hinzufügen, daß eine derartige Betrachtung des Reimes im Gedicht wie ich sie hier gebe, bereits die Erkenntnis seiner Veräußerlichung voraussetzt und ihm mehr oder weniger nur noch die Funktion eines Versatzstückes zubilligt, wie sie literarischer Zierart hat. Bei meiner Beschäftigung mit romanischer Lyrik spielte der Reim keine Rolle mehr. Auch wenn er auftrat, wenn er höchst listiges und verzwicktes Stilmittel wurde wie die als Fußangeln ausgelegten Binnenreime in manchen Gedichten Reverdys, wurde er doch nicht mehr von mir als belangvoll angesehen.

Belangvoll dagegen und jedenfalls wichtiger als das allmähliche Verschwinden des Reimes aus meinen Arbeiten waren Stoff-Verflüchtigungen und Bild-Verdünnung. Wie weit mir bei diesem Prozeß andere, nichtdeutsche Lyriker vorbildlich wurden, ist für mich nicht zu sagen. Ich kann nur Vermutungen haben. Die nautische Liquidität des frühen Rafael Alberti könnte ich mir in diesem Zusammenhang in Erinnerung rufen ohne die leichte Begegnung, die ich seinerzeit mit ihm, mit der Lyrik seines »marinero en tierra« (sie wurde in den zwanziger Jahren geschrieben und veröffentlicht) hatte, zu strapazieren. Aber das, was Juan Ramón Jiménez 1924 in einem Brief Rafael Alberti schrieb, traf mich wie eine Aufforderung, oder – weniger stark formuliert – lieferte mir eines der Stichworte auf die ich immer angewiesen war und wohl auch bleiben werde. Jiménez schrieb: »Mit leichter Hand haben Sie, rein aus dem Nichts, wieder den wahren Glücksstrahl aufsteigen lassen.« Mit *leichter Hand,* die bei uns, die wir uns auch mit Versen gern schwertun und das weiterhin nicht werden lassen können, so rasch

zur leichtfertigen Hand wird und als eine solche gescholten ist! Ich versuchte, über die Jahre hin, den Worten größere Leichtigkeit und mit ihr größere Beweglichkeit zu verschaffen und der Zeichenhaftigkeit, der Chiffrenkunst eine Kunst der singbaren Formel einzuverleiben, der »präzisen Zeichenreihe«, wie sie von Wilhelm Lehmann gewünscht worden war, »mathematisches Entzücken« beizugeben, die geometrische Klarheit die algebraische Sicherheit. Ich war eine Zeitlang bereit, diesen Zustand im Zugriff, in der Überraschung, im poetischen Handstreich zu erreichen. Die »Aufhellung« von »Bedeutung« im Gedicht hat mich möglicherweise von meiner Ausgangsposition nicht so weit entfernt, wie das, artistisch gesehen, scheinen könnte.
Aufhellung! Nicht gleich Quadratur des Lichtes, aber doch etwas vom »Lichtraum« über Valérys »Friedhof am Meer« und vielleicht – wenn es gelänge, wenn das wiederholbar wäre – etwas von Jorge Guilléns »Licht, das niemals leidet« und von jenem »Licht, Licht. Sein Strahlen: wie wenn Pulse beben«, wie es in Ernst Robert Curtius' Übertragung heißt. Guillén, neben Alberti, hat solche Stichworte geliefert, solche Reizungen, solche Überredungen durch Kontur, Klarheit, Gesichtskreis, Proportionen, durch eine – ich möchte sagen – graphische Ökonomie der wenigen, klar ausgezogenen Linien. Sie lieferten damit indessen doch wohl nicht mehr als Voraussetzungen für das, was ich selber zu besorgen hatte und besorgte. Beschränkungen können elliptische Verfahrensweise nach sich ziehen: Aussparungen, Verkürzungen bis zum Abbruch, Gedichtzeile als momentane oder doch momentan wirkende und momentan »mögliche« Reflexe. Das, was ich gelegentlich als »Reise ins Innere der Augenblicke« etwas kühn, weil etwas stark bezeichnet habe, ist in derartigen Zusammenhang zu bringen. Literarische Vorbilder dürfen schließlich nicht mehr als diese Voraussetzungen zum Umsatz in die eigene Sprechlage, Artikulierungsmöglichkeit geben. Es muß ein kritisches Verhältnis gewahrt bleiben, das eher auf Echowir-

kungen, auf indirekte, unter Umständen noch spät nachwirkende und wiederauftauchende Beziehungen aus ist, als auf etwas, was nicht mehr als Einflußnahme, als Auseinandersetzung, als kritisch, aufmerksam zugelassene Influenz, sondern als Überwältigung einzusehen ist. Für solche Überforderungen hat es in der deutschen Nachkriegslyrik nicht selten drastische Beispiele gegeben. Man kann sich – als Individualität, die ich damit nicht übertrieben in ihrem individuellen Dasein und Schreiben verstanden sehen möchte – literarischen Influenzen jederzeit aussetzen, doch kann man sich niemals ausliefern. Die Grenze zwischen dem einen und andern Verhalten ist zuweilen hauchdünn: eine bewegliche, äußerst empfindlich strukturierte Grenze ohne grobe Barrieren, die man sieht und vor denen man zurückschreckt. Vor solchen Abhängigkeiten schützt kühler Blick für das Viele, was heute verfügbar ist, für das breite Kraftfeld, in dem man sich schreibend aufhält, aufmerksame Kühle, bei der auch Bewunderung kontrollierte Bewunderung ist und der Enthusiasmus, den Vorbildliches auslöst, sich mit dem Sinn für Entfernung verbindet, auf die man nicht nur im literarischen Verkehr angewiesen bleiben sollte.

(1968)

Abenteuer des Übersetzens

Über die – nicht selten halsbrecherischen – Schwierigkeiten des Übersetzens ist so viel und überzeugend geschrieben worden, daß man nur sehr persönliche Erfahrungen anfügen kann. Es gibt im Grunde keinen Kanon des Übersetzens. Die Meinungen, wie ein Gedicht (nur von der Lyrik soll in diesem Zusammenhang die Rede sein) anderer Zunge der eigenen artikulierbar gemacht werden könne, haben geschwankt und werden weiter schwanken. Die Resignation ist die eigentliche Muse des Übersetzers, wenigstens des Übersetzers fremder Poesie. Aber Resignation kann nicht nur etwas Lähmendes, sondern auch etwas Aufforderndes haben. Sie ist eine höchst aktive Begleiterin für jemanden, der eine bestimmte Art von Beharrlichkeit, Unermüdbarkeit, ja Unerschrockenheit braucht. Sie hat Faszination für die Sensitivität, eine Faszination, die bereit ist, jederzeit die dichterische Empfänglichkeit auf die Probe zu stellen. Aber man muß wohl eine Begabung zu solchem, seltsam in Unruhe haltendem Resignieren haben, um sich mit ihm produktiv einlassen zu können. Es darf nicht überwältigen. Es muß stimulieren.

So verstanden, ist für mich das Übersetzen (aus dem Französischen, gelegentlich aus dem Spanischen) stets Versuch und Versuchung geblieben. Für jemanden, der Gedichte schreibt, kann das Übertragen anderer Gedichte eine Notwendigkeit werden. Sie ist das aus verschiedenen Gründen. Man ist beim Übertragen im Begriff, in ein fremdes Gelände einzudringen. Es ist ein Erkundungsunternehmen empfindlichster und unter Umständen folgenschwerster Art. Das Abenteuer, die Überraschung, das Entzücken, die Verstörung warten in jedem Wort, in jeder Wendung, in jeder Zeile. Sie lauern auf im fremden Rhythmus, von dem das zu übersetzende Gedicht getragen wird, der es »garantiert«, im Reim oder in der Reimlosigkeit, in der Fähigkeit eines Gedichtes, sich einem zu öffnen oder sich zu entziehen, in seinem Reichtum oder in seiner Diskretion, im anderen Vokabular, in der anderen Konstitution.

Der Vorgang des Übersetzens ist ein sinnenhafter Vorgang. Man kommt unversehens dem anderen Stoff, dem fremden Körper, seiner eigentümlichen Beschaffenheit, überaus nahe, beängstigend nahe. Man beginnt ihn zu ertasten. Man spürt die fremde Wärme, die fremde Kälte. Man spürt das andere Leben, und Neugier und Entmutigung halten einander die Waage. Für Augenblicke hält man sich in jenem »pays cache-cache«, jenem »Land des Versteckspiels« auf, von dem Oscar Wenceslas de Lubicz Milosz in seiner *Symphonie de novembre* spricht. Es kann eine vexierbildähnliche Situation ergeben.

Die Neugier des Poeten nach fremder Poesie scheint mir naturgegeben, sie ermöglicht ihm immerhin, für eine Weile der eigenen Sensibilität zu entkommen, auszuweichen, sie loszuwerden, und auf diese Weise die eigene Arbeit gleichsam zu neutralisieren. Man muß sich, glaube ich, beim Übersetzen im Vergessen der eigenen Person üben und versuchen, nachdrücklich seine Befangenheit aus dem Spiel zu lassen. Freilich ist dies eine Sache auf Widerruf. Denn unmerklich wird man doch von seinen schlechten Eigenschaften eingeholt. Das Versteckspiel nimmt kein Ende. Die egoistischen Züge der poetischen Neugier sind offenbar nicht zu unterdrücken.

Aber wie kann nun im einzelnen die Begegnung mit dem anderen Stoff aussehen? Ich wähle als Beispiel eine literarische Kleinigkeit, die gleichwohl das Phänomen deutlich macht. Vor einer Reihe von Jahren stieß ich auf eine Suite von Vier- und Sechszeilern des jungen Guillaume Apollinaire. Es sind die dreißig Tiergedichte seines, von Raoul Dufy illustrierten und bei Deplanche 1911 in Paris herausgebrachten *Le Bestiaire ou Cortège d'Orphée*. Der Kunstverleger Deplanche hatte damals, in einer Prachtausgabe

von 120 Exemplaren, eine Holzschnittfolge Dufy's mit jenen lyrischen Pretiosen des eben dreißigjährigen Autors vorgelegt, die heute in Frankreich eine Rarität ist.
Die Wirkung dieser winzigen Stücke war auf mich spontan. Apollinaire hatte jeweils mit einer Handvoll Wörter eine unvergleichliche dichterische Kraft entfaltet. Die Tier»porträts« mochten sich an gewisse Vorbilder mittelalterlicher Bestiarien anlehnen. Sie mochten die Früchte einer bestimmten Belesenheit sein. Apollinaire war nicht das, was man einen großen Leser nennt. Aber er hatte einen Hang für das Ungewöhnliche und Entlegene, und es ist denkbar, daß sich solche Neigung in diesem ebenso graziösen wie oft dunklen, komplizierten Genre niederschlug. In den Gedichtchen fanden Charme, Pointensicherheit, eine spürbare Rationalität, ein didaktischer Zug zueinander und ergaben merkwürdig zarte, aber auch widerstandsfähige Gebilde. Die *Bestiaire*-Gedichte haben nahezu alle einen kristallinischen, festen Kern. Solche Konsistenz rettet sie vor der raschen Auflösung.
So geringen Umfangs sie sind, so waren sie doch überaus schwierig ins Deutsche zu bringen. Ich merkte bald, daß sie zu jener Rasse gehören, die sich zurückzieht, wenn man ihr zu nahe kommt. Ihre Liquidität zum Beispiel erstarrte in unserer Sprache schnell zu einer Formelhaftigkeit, einer virtuosen Leere, die im Original vielleicht schlummerte, aber sich keinesfalls aufdrängte. Die Leichtigkeit des Französischen, die Behendigkeit, das Poröse wurde matt. Diese Texte waren wie Zündhölzer, die man anriß. Sie leuchteten auf. Ihre feine Helligkeit wurde im Französischen zu einem zierlichen Schauspiel. Im Deutschen vollzog sich dieser Prozeß um einiges langsamer.
Eines der ersten Stücke aus dem Apollinaireschen *Bestiarium,* das ich übertrug, war das Karpfen-Gedicht. Es lautete französisch:

»Dans vos viviers, dans vos étangs,
Carpes, que vous vivez longtemps!

Est-ce que la mort vous oublie,
Poissons de la mélancolie.«

Schon mit der ersten Zeile setzte die Schwierigkeit ein: – Die »Ansprache« des Dichters gilt den ein hohes Alter erreichenden Tieren, deren Lebenszähigkeit er erstaunte Bewunderung zollt. Sie gilt den Fischen »dans vos viviers, dans vos étangs«. Beides wäre im Deutschen etwa mit Teich, Weiher wiederzugeben, wobei freilich der Unterschied dieser ist, daß »vivier« herkunftsmäßig dem lateinischen »vivarium«, also dem mit Leben erfüllten (Fisch)-weiher, »étang« dagegen dem »stagnum« der Lateiner entspricht und das Stehende des (Binnen)gewässers betont. Als weitere Schwierigkeit trat die Reimgebundenheit der ersten an die zweiten Zeile des Gedichtchens auf (étangs/longtemps). Während in der Aussprache Reimreinheit festzustellen ist, entspricht das Schriftbild dieser Übereinstimmung nicht. Ich wollte versuchen, etwas Ähnliches in der deutschen Wiedergabe zu erreichen. Doch wurde mir das nur annähernd dadurch möglich, daß ich die feine Bedeutungsdifferenz des Originals (viviers/étangs) vergröberte. Auch das diskretere »que vous vivez longtemps« war deutsch ins Pathetischere verschoben. Ich ließ schließlich als Übertragung:

»In euren Teichen, euren Gräben:
Wie mögt ihr, Karpfen, lange leben!«

Dem Reimpaar der beiden ersten Zeilen entsprach das Reimpaar der dritten und vierten Zeile. Ich mußte es – nachdem ich es in Zeile eins und zwei so gehalten hatte – in den folgenden in meiner Übertragung selbstverständlich genauso durchzuführen versuchen. Das Erstaunen, die Verwunderung des Dichters über seine Geschöpfe, die Karpfen, setzt sich in einem Fragen fort, mit dem das Stück endet. Der Tod hat die Fische vergessen, diese melancholisch wirkenden Geschuppten! Ich mußte auch im Deutschen unmittelbar rhythmisch, gestisch, reimmäßig den vorangegangenen zwei Zeilen folgen, der Bewegung folgen, die Apollinaire dem kleinen Gedicht vorschreibt, unter der es seinem raschen Abschluß zudrängt, denn ein Drängen – durch Ansprache, Ausruf und Frage, durch »Geste« unterstrichen – liegt über dem kurzen Leben, in das Apollinaire dieses Gedicht entlassen hat. Es lautete in unserer Sprache dann folgendermaßen:

»In euren Teichen, euren Gräben:
Wie mögt ihr, Karpfen, lange leben!
Holt euch der Tod am Ende nie,
Geschöpfe der Melancholie?«

Das Klima des Ganzen: Verwunderung, Ausruf, melancholische Notiz war vielleicht auch im Deutschen da und dort in diesen wenigen Worten zu erkennen. Auf die Herstellung solchen verwandten Klimas kommt es vor allem anderen an.

Der träge, stockende, der melancholisch für einige Augenblicke aufgehaltene Zeit- und Daseinsvergang dieses Karpfen-Gedichtes, mußte auch in der Übersetzung herauskommen. Zugleich mußte das nuancierte Notieren, Bedenken der Situation – angesichts jener »poissons de la mélancolie« – das Enden in einer leichten Schwebe- und Frage-Bewegung, in den deutschen Ausdrucksbereich überführt werden, wobei das eine wie das andere – das Stocken und das Schweben – auch in unserer Sprache aufeinander angewiesen bleiben sollte, wie das im Orginaltext der Fall war.

(1961)

Die Sonette der Louize Labé

Meine Erinnerung an die Beschäftigung mit den Sonetten der Louize Labé führt mich zwanzig Jahre zurück, in den November 1948. Ich las damals fast täglich alte französische Verse. Mich interessierten die Dichter der Pleiade. La Belle Cordière, die schöne Seilerin aus Lyon, genauer: aus Parcieux bei Lyon, wo sie 1566 im Alter von neununddreißig Jahren gestorben war, gilt als eine Vorbereiterin dieser Dichtergruppe. Sie wurde mir damals neben Maurice Scève zur spannenden Lektüre. Diese sehr gebildete Frau, die im *Débat de folie et d'amour* ein geistreiches, hochhumanistisches Zwiegespräch zwischen dem blinden Amor und seiner Führerin, der Torheit geschrieben hatte, die drei Elegien im Geschmack Petrarcas bekannt machten, war durch etwas anderes zum Ruhm gekommen. Sie verfaßte vierundzwanzig Sonette, Liebessonette voller Glut, Unmittelbarkeit, Schmerzlichkeit, einer – für die damalige Zeit – unerhörten Spannungskraft, sinnlicher Zerrissenheit und Bekenntnisfähigkeit. Diese Gedichte einer unerfüllten Liebe – der Gegenstand ihrer Liebe hat viele Vermutungen ausgelöst und die Forscher bewegt – sind im Gegensatz zu ihren anderen, akademischen, poetischen und dialogischen Bemühungen, diesen eleganten Pflichtübungen einer gebildeten Dame, von so großer Intensität, von einer Heftigkeit, die das kunstvolle Gehäuse der vierzehn Zeilen eines Sonetts an vielen Stellen zu zerbrechen droht. Es gehört zum bemerkenswerten artistischen Reiz der Sonette Louize Labés, daß es trotz solcher Anspannung, solcher Emotion nirgends zur Paralysierung der Kunstform kommt. Mir waren früh schon Rilkes Übertragungen dieser Sonette bekannt geworden. Erst nachdem ich meine eigenen Bemühungen wieder aufgegeben hatte, erfuhr ich von einer weiteren, veröffentlichten Übertragung durch Paul Zech.

Der Text wurde meines Wissens noch 1948 publiziert. Neun Jahre danach erschien eine deutsche Fassung durch Max Rieple. Was mich zum Unternehmen der Übertragung wenigstens einiger dieser Sonette brachte, war der Versuch, den außerordentlich kunstvollen Reim des Originals im Deutschen annäherungsweise zu erhalten, und zwar mehr noch als Rilke das getan hatte, der ihn nur zum Teil in seiner Übersetzung wiedergegeben hatte. Aber gerade der Ehrgeiz, die Genauigkeit zu steigern, das artistische Raffinement der Texte in unserer Sprache entsprechend zu fixieren, trieb mich schon bald in eine Enge des Ausdrucks, in eine Gewaltsamkeit, die das Wortmaterial, das mir übrigblieb, mit einer Art Erstarrung zu befallen drohte. Was sich einstellte, war nicht sprachliche Ökonomie, kein ökonomisches Balancement, das schließlich bei Louize Labé die sprachliche Erregung beherrschte, sondern eher ein – ich möchte sagen – sprachlicher Verholzungsprozeß, eine Leere, eine Auslaugung der sinnlichen Ausdrucksschönheit im Französischen, Auslaugung der erregten Intelligenz des Sprechens, des Zur-Sprache-Bringens. Rhythmus *und* Reim nebeneinander beizubehalten – worauf Rilke mit Gründen verzichtet haben wird –, war nur auf Kosten eines Gelingens im ganzen, einer Schädigung des einzelnen Sonett-Gebildes, für mich zu erreichen. Ich sah das nach sehr wenigen Übertragungen ein. Das Sonett reduzierte sich zu einem ariden Kunstgegenstand, die hohe »Künstlichkeit« der Sonettform entleerte sich zu einer Gedicht-Hülse. Die Pression, die vom unter allen Umständen beizubehaltenen Reim-Geflecht dieser Sonette ausging, verdarb weniger das rhythmische Element als das Timbre, den Charme der unablässigen Spannung zwischen sinnlicher und intellektueller Rede, den Charme des dauernden Austausches beider im einzelnen Gedichttext. Aus diesen Gründen beließ ich es damals bei meinen wenigen Entwürfen, die ich als Umriß-Skizzen einer Übersetzung ansah, deren Vollkommenheit – nicht nur im Falle dieser Sonette der Louize Labé –

nur durch den Verzicht auf einige Möglichkeiten, die einem das Original anbietet, durchzusetzen ist.

(1968)

Nichts weiter als Gedichte

Überlegungen zu einer Beschäftigung

Im Rückblick auf das, was ich seit wenigstens dreißig Jahren gemacht habe, fällt mir zunächst nichts anderes ein, als daß ich während dieser langen Zeit tat, was ich nicht lassen konnte. Das ist die ziemlich unkomplizierte Auslegung einer komplizierten Tätigkeit, einer Beschäftigung, die ich mir gewiß nicht vorgenommen hatte – als könnte man sich je so etwas ebenso Unauffälliges wie Hanebüchenes vornehmen: Gedichte zu schreiben. Ich bin dazu gekommen, wie andere zu anderem kommen: hineingeraten. Der Zufall hat sicherlich manches dazu beigetragen. Ein paar persönliche Umstände, ein paar Vorlieben, zum Beispiel ein Vergnügen am Kritzeln von Landkarten, von erdachten Gegenden, Landschaften meiner privaten Laune, mit der Topographie, die mir passend schien. Wahrscheinlich bin ich von solchem Kritzeln ins Schreiben gekommen, nicht gleich ins Schreiben von Gedichten, aber doch bald schon zu etwas Gedichtähnlichem.

Wie ich mir Landkarten zu meinem Privatvergnügen erdachte, die nichts mit Erdkunde zu tun hatten, so wendete ich das, was ich offenbar immer zur Verfügung hatte, Phantasie, auf etwas Neues an. Phantasie als etwas Luftiges. Luft als Hauch und Hülle, als Abwehr und als Bad, als Schaum und als Kühlung, als Macht und als Schaukel, als Schiff und Schutz, als Schloß und als nichts, als Schwingung und als Spiegelung, als Sport und als Strom, als Waffe und als Weg.

Im Grunde blieb, ins Schreiben geratend, alles für mich so ähnlich wie es bei mir während jener kindlichen Beschäftigung, während des Kartenzeichnens, des Kritzelns gewesen war. Verwandte Euphorie, ähnliches Sich-selbst-überlassen-Bleiben, Umgang mit etwas, was es bis dahin noch nicht gab und was es nur so lange geben sollte, wie ich wollte. Es blieb dann länger. Es hielt sich – eine Weile, so scheint es. Einiges hielt sich bis heute. Das, was da schreibend entstanden war, und so wie es mir andere vorgemacht hatten. Verseschmieden, nannte man das in meinem Elternhaus, das dieser wunderlichen Beschäftigung etwa so viel Bedeutung zumaß wie anderen meiner kindlichen Unternehmen früher, die ich dann heranwachsend aufgegeben hatte, um dieses Neue anzufangen, als Ersatz, möglicherweise, als die Fortsetzung meines Bedürfnisses, in Ruhe gelassen zu werden und diese Ruhe nach meiner Weise zu nutzen, als eine für meine Umgebung merkwürdige Lustbarkeit, als Genuß, als Bereitschaft, als eine Empfindung, die ich mit ihr nicht zu teilen brauchte. Eine luftige Beschäftigung, wie gesagt, für Beobachter, und ich ließ sie bei ihrer Beobachtung und machte mir – allein gelassen und sogar unter ihren Augen – Luft von einigem, was sie nicht so wie ich sahen, was sie für bedeutungslos hielten, für ohne jeden Belang für sie und jedenfalls für sie uninteressant, machte mir Luft und ging zuweilen in die Luft und hielt sie an, wenn das in der Luft war, was für mich wichtig schien, auf das es mir ankam: ein Lüftchen, nicht als Zumutung, schon gar nicht als Verleumdung, sondern als eine Art Wohltat.

Nichts als Luft – für andere, für die meisten auf alle Fälle. Ich merkte es ihnen an. Sie hielten mich bald für einen Luftikus, wie ich beim Schreiben von Gedichten mehr und mehr die Luftlinie genoß, auf der ich balancierte und das bekannte Kopfschütteln, an das ich mich zu gewöhnen versuchte und das mir schließlich gleichgültig war, wie Luft behandelte und sogar Lufthiebe austeilte, die man natürlich nicht spürte, man war anderes gewöhnt, nicht leichte Bewegung, nicht luftige Geste, Luftbilder für bestimmte Zwecke, bestimmte Absichten, die mir geblieben waren und die ich in Gedichten durchzusetzen unternahm.

Luft als Phantasie! Sehr viel später, vor einigen Jahren, schrieb ich eine *Erinnerung an Phantasie:*

»Früher –
ein Licht entstand im Zimmer,
Wunder, das auf der Hand lag –
man sah hin oder merkte
nichts im verzauberten Haus –
gewöhnlicher Vorgang,
sinnliche Gegenwart des Tages.
Früher war das so.
Man ließ die Phantasie
im Dunkel ein Wasser herabschwimmen.«

Das verzauberte Haus, von dem hier die Rede ist, der Aufenthalt von damals, war keine Dunkelkammer. Nur eine besondere Art von Glashaus, in dem ich saß und jedenfalls im Laufe der Zeit von *mehr* Leuten einzusehen als mir lieb war, als ich ahnte, als ich wahrnahm, zunächst, das bekannte Haus, in dem man sich hütet, mit Steinen zu werfen. Es gab in ihm, glaube ich, auch gar keine Gelegenheit, solchen Sport auszuüben, selbst wenn ich dafür begabt gewesen wäre. Doch war ich nie für irgendeinen Sport zu haben.
Das alles klingt leichtfertig, wenn ich nicht irre. Es klingt mißverständlich. Es bringt nicht genügend die winzige Standfläche zum Ausdruck, die man als jemand einnimmt, der Gedichte schreibt und der es weiter tut, eine Stand-Gegend, mit der man sich eingerichtet hat und das über Jahre hin, mit der Idee der Fläche unter den Füßen und ständig in Nachbarschaft mit sich selbst, dem eigenen Körper, den eigenen Reaktionen, während von anderen einem Einbildungskraft – das, was hier von mir Phantasie genannt wurde – als Nervenrausch unterschoben wird. Man tarnt die Verlegenheit mit Frivolität, mit lässiger Äußerung, die eine Abwehr-Äußerung ist, ein Abwinken, weil es im Grunde nichts oder nicht das Richtige, das Zutreffende zu sagen gibt, das, was einer Tätigkeit annähernd gerecht

wird, die sich einer Umwelt immer wieder – ihrer Art nach – zu entziehen sucht, wie das bei mir wenigstens schnell eintritt. Man verwischt mit einer Handbewegung das, was einen ernsthaft festlegen könnte, überhaupt das Ernsthafte einer Beschäftigung, das nichts mehr mit Hölderlins »unschuldigstem aller Geschäfte« zu tun hat, dazu ist es zu absurd oder meinetwegen zu haarsträubend.

Ich bin einmal an das Gedichteschreiben herangegangen, als wäre das selbstverständlich. Dies ist das Abenteuerliche dabei, das mir immer wieder zu schaffen macht und das ich – je nach Vermögen – abwechselnd zu vergessen suchen und das sich abwechselnd als Alpdruck und als Prüfung gewisser Fähigkeiten, Prüfung eines bestimmten Am-Leben-Seins zeigt. Natürlich hat sich während dreier Jahrzehnte verschiedenes geändert, habe ich verschiedene Anläufe hinter mir, eine Entwicklung zu beeinflussen, die schließlich Einflüssen ausgesetzt wird, die nicht vorhersehbar sind, oder doch wenigstens eine derartige Entwicklung zu nuancieren. Möglicherweise ist mir das sogar gelungen, für andere wenig oder gar nicht erkennbar, eine Anstrengung, die so wenig auffällig ist wie alles andere, was man gedichteschreibend mit sich abzumachen hat.

Die bilderreiche Schwere, mit der ich angefangen hatte, diese sozusagen mich zu Boden ziehende Belastung durch eine Bildwelt, die mich zugleich aussog und immer erfinderischer zu werden zwang, mußte ich Schritt um Schritt zu überwinden versuchen. Diese Einsicht – die ich eher Witterung nennen sollte – stellte sich gewiß nach und nach ein. Ich hing lange diesen Bildern an, ihrer subjektiven Schönheit, die vielleicht – in den Vorstellungen einiger anderer – etwas Objektives annahm, etwas, das ich schließlich auch erstrebt hatte: Verbindlichkeit, die über Individualität und Zufall hinausging. Diesem objektiv Schönen habe ich angehangen: einer Bilderwelt und der Intensität einer derartigen Welt, wie sie mir mit den jeweiligen Stoffen, den jeweiligen Gegenständen, der Thematik entgegenkam.

Denn ich hatte Fülle von Stoff, von Inhalten, mochten sie auch begrenzt sein. Aus einem relativ engen Stoffbereich – Natur, Landschaft – versuchte ich herauszuziehen, was denkbar, was möglich, was leuchtend oder was dunkel erschien. Der Stoff – den ich sozusagen zur Hand hatte, mit dem ich über Jahre lebte in der jeweiligen Landschaftsumwelt – bot sich mir in der bestürzenden Fülle seiner einzelnen Erscheinungen an. Die Einzelheiten bedrängten mich. Ich ließ sie zu und ließ sie in die Gedichte ein, die ich schrieb. Und die Gedichte wurden durch sie am Ende schwer. Die erwähnte bilderreiche Schwere rührte daher.

Ich aber suchte mich zu erleichtern. Ich suchte das abzustreifen. Ich fand bei einigen Autoren Gedichte, die mich ermutigten. Nicht unter deutschen Autoren. Deutsche Gedichte – auch neue und neueste – *wollen* immer zuviel, wenn ich so sagen soll. Sie kommen mit ihrer Bedeutung daher, die mir zu deutlich ist, zu grob oder zu artifiziell und jedenfalls *mir* zu wenig diskret. Ich war auf einmal auf der Suche nach diesen unauffälligen Gedichten, die von fast nichts handelten, immer noch von genügend, was übriggeblieben war: Stoff-Resten, Bedeutungs-Resten. Ich suchte nach Gedichten, die nicht Meinungen anhingen, politischen oder artifiziellen, und die solche Absichten – so oder so – zum Ausdruck brachten, vorführten, methodische Gedichte, die von ihrer Methodik als ihrer Sicherheit, ihrer Überzeugungskraft getragen waren. Die – ich möchte sagen – fein heraus waren, weil sie genau wußten, was sie wollten, weil ihre Autoren genau wußten, wohin es zu gehen hatte, offenbar, ein Wissen, das mich wenig interessierte, was mir mehr und mehr gleichgültig war. Ich suchte mich – schreibend – zu erleichtern von dem, was ich bisher getan hatte: bildersammelnd und Bilder hinterlassend.

Ich merkte, daß ich jetzt nicht mehr in den Gedichten, die ich fortan zu schreiben versuchte, darauf aus war, mir

»Bild und Gleichnis« zu machen, mit Hilfe metaphorischen Schnellfeuers und mit Hilfe eines ganz bestimmten Stoff-Arsenals, das für mich parat war und auf das ich zurückkommen konnte. Ich wollte auf nichts mehr zurückkommen. Ich wollte mit anderem, mit wenigem, mit fast nichts auskommen. Ich versuchte mich mit solchen Absichten schreibend einzurichten und merkte, daß ich bereits dabei war, es zu praktizieren: Zurückhaltung, die kein wie immer zu nennender Rückzug war, jedenfalls nicht als solcher beabsichtigt war, vielmehr Änderung des Verhaltens, Änderung des Blicks, Änderung der Anwendung von sinnlichen Wahrnehmungen und intelligible, größere Zwanglosigkeit hierdurch und größere Freiheit. Die Fixierung auf bevorzugte Gegenstände kann unversehens zu einer Gegenstands-Hörigkeit oder doch zu einem Gegenstands-Zwang werden. Ich entging solchem Zirkel dadurch, daß ich die meist kurzen Gedichte, die ich schrieb, elliptisch werden ließ, in zunehmendem Maße aussparend, was auszusparen mir notwendig schien: Inhalte, Emotionen, Anteilnahme an dem, was jeweils gesprochen wurde.
Dadurch erreichte ich eine Sprödigkeit, erreichte Kühle, Lakonismus – auch dies wiederum konnte zur Methode werden, zu etwas, was einen als Lyriker oder überhaupt als Schreibenden festlegt, was mit der Festlegung angreifbar, problematisch macht, jedenfalls für meine Vorstellungen. Die Flexibilität erschien mir in den elliptischen Gebilden, die entstanden, eher erreichbar als in Gedichten, die – welchem Stoff auch immer – nachgaben und nicht lediglich nachgaben, sondern diesen Inhalt beabsichtigten, ihn als notwendig erkannten, weil sie von vornherein auf Wirkungen setzten, Folgen vermuteten oder erhofften, die mich wenig interessierten. Sie interessierten mich deshalb nicht, weil ich mir von dem, was da bei mir oder anderen entstanden war, Wirkungen auf einen Personenkreis, der nicht zu übersehen und nicht einzusehen ist, nicht versprach.

Ich erreichte – so glaube ich – einige Leichtigkeit. Etwas bei uns durchweg Verdächtiges. Ich nahm solchen Verdacht gern auf mich, ich war nicht für diese schweißgebadeten, absichtsvollen Gedichte, die sich mit dem jeweils Notwendigen notwendig befaßten. Mir blieb einiges übrig, was weniger notwendig war. Das genügte mir. Das hat – meine ich – mit Genügsamkeit nichts zu tun. Denn es blieb genügend übrig, was meinem geringen Transpirationsbedürfnis entsprach: das, was es immer gegeben hatte und weiter geben würde, nichts sogenanntes Zeitloses natürlich, aber doch etwas, was weniger Zulauf von überallher und sogar von Gedichteschreibern hatte. Naheliegendes, Vorgegebenes oder wie immer man es nennen mag. Ich fand wieder, was ich von vornherein gehabt hatte, was ich mir nicht durch Anstrengung oder Manipulation oder literarische Methode erwerben mußte: Umstände, Alltäglichkeiten, das, was jeder sieht und hört und um sich hat, Gewohnheiten, wie Händewaschen und Über-die-Straße-Gehen, sich kleiden und Kleider ablegen, sich einander nähern und sich entfernen, nicht der Rede wert und eben deshalb wert, nicht ausgelassen zu werden, aufschreibenswert für mich, gewöhnliche Sachen als Fundsachen für Gedichte, die Wiederholung von einigem, Redensarten, die weiterhelfen, Weitermachen und Zeitvergang, den man notiert, den man an diesem und jenem abliest, Staub zwischen den Fingern, Leben zwischen Gebrauchsgegenständen mit Gefühl für das, was man mit einer Hand umfassen kann, Gebrauch und Verbrauch, der eigene Körper nicht ausgenommen, als alten, alltäglichen Vorgang, Handlungskomplexe, auf Spaziergängen gesammelt, während man sich für nichts entscheiden kann, Gedichte ohne Parteien- und Weltverkehr, Gedichte, in denen man möglicherweise leben lernt, ohne es zu merken und so wie es sein könnte. Ich glaube, man kann nicht ungläubig genug sein, wenn man so etwas aufzuschreiben versucht, ungläubig gegenüber allem, was in aller Munde ist, was auffällt, zu sogenannten Entscheidungen zwingt, die dann doch später stillschweigend revidiert werden, ungläubig gegenüber Vernichtern von Grammatik – Vernunft ist etwas Sicheres. Man kommt mit ihr von Satz zu Satz. Ich habe damit, was ich brauche. Ich möchte mich beim Gedichteschreiben nun einmal nicht in die Lage gebracht sehen, daß ich auf Leute warte, die mir Worte in den Mund legen, an denen ich später ersticke, wobei ich mir wohlbewußt bin, daß bestimmte chemische Stoffe, vom Blutkreislauf in Bewegung gebracht, jene Erregung schaffen, die die bekannten Träume auslöst, mit denen schließlich alle zu tun haben, die mit dem Schreiben zu tun haben, ob sie es wahrhaben wollen oder nicht.

(1971)

Oskar Loerke – mein Modell?

Literarische Vorbilder kann man sich nicht aussuchen, wie man sich literarische Tradition nicht aussuchen kann. Man findet sie vor – diese große, nicht abreißende Entwicklungskette, in die man sich einfügen wird, der man nicht entrinnen kann, die einen bei der eigenen Arbeit einholt, wie sie vor Beginn der eigenen Arbeit da war. Natürlich spielt bei der Begegnung mit Vorbild und Tradition und sich solcher Begegnung anschließenden Auseinandersetzung mancher Zufall eine Rolle. Aber der Zufall war wohl stets eine Verbindung mit der individuellen Disposition eingegangen, die einem jungen Schriftsteller dazu verhilft, ein bestimmtes Vorbild, einen bestimmten Älteren aufzufinden, geheime Verwandtschaft zu erkunden, geheime Hoffnungen plötzlich wahrzunehmen, jene unausgesprochenen Vermutungen über eine für literarische Individualität gleichsam prädestinierte Wesensart und Wesensäußerung verwirklicht zu sehen in der Erscheinung und in der Wirksamkeit eines anderen.

Vieles trifft bei einer solchen Begegnung aufeinander: Temperament und Alter, persönliche Umwelt und allgemeines Literaturklima, literarischer Zeitgeschmack, in dem man sich unversehens wiederfindet oder dem man sich zu widersetzen versucht. Ich lernte – wenngleich sie sehr versteckt publiziert waren – die frühen Gedichte Wilhelm Lehmanns kennen. Das war im Jahre 1935. Über Lehmann bin ich dann auf Oskar Loerke gestoßen und erkannte, wie vieles bei Lehmann von Loerke vorgebildet worden war. – In der *Antwort des Schweigens* – dem ersten Gedichtband Lehmanns – war ein charakteristisches Gedicht Oskar Loerke gewidmet. Es nannte sich »Ahornfrüchte«, und die Baumfrüchte wurden Sarazenensäbeln aus der chlorophyllgrünen Waffenkammer der Flora verglichen, glänzend grü-

ne und kupferrote »Schwerter des Dichters nur«, von deren Klingen kein Blut rauche.
Wilhelm Lehmann hatte mich als erster auf den großen Gegenstand, den unerschöpflichen »Stoff« hingewiesen, auf Natur. Er wies mich damit unausweichlich und folgerichtig auf den Dichter hin, der – seit Jahrzehnten – in seiner lyrischen »Pansmusik« wieder und wieder Natur aufgezeichnet und festgehalten hatte, auf den Mann, in dessen Werk das seinen Anfang nahm, was – sehr viel später – als Entwicklungsphase der neuen deutschen Lyrik als sogenannte naturmagische Schule oft zitiert, polemisiert, verstanden und mißverstanden wurde.
Es sind jetzt vierzig Jahre her, daß Heinrich Eduard Jacob in einer damals vielbeachteten Lyrik-Sammlung *Verse der Lebenden* von Oskar Loerke (den er als den großen Gegenspieler Werfels empfand) schrieb: »Dieser Dichter scheint heute so sehr der Statthalter, Bewahrer, Fortsetzer alter Gefühlsströme zu sein, daß man meinen könnte, Claudius, Goethe, Mörike oder Eichendorff – kämen sie *heute* – würden dichten wie er.« Der Anthologist meinte weiter, daß sich im Gedicht Loerkes die Natur selbst beweise.
Viel später hat einer der engsten Freunde Loerkes, Wilhelm Lehmann, feststellen können: »Verglichen mit den beiden anderen Versmeistern, George und Rilke, ist Loerke die große *Natur.*« Es fällt die Formulierung von Rilkes »Unsichtbarkeiten«, aber auch vom »Gleichmut der Schöpfung« bei Loerke. Und jedesmal fällt das Stichwort. Es heißt Natur. Wer sich – seinerzeit wie heute – mit dem Bilde, mit den Wirkungen des Dichters Loerke auseinandersetzen will, muß dieses Stichwort zum Angelpunkt seiner Betrachtungen machen.
Allein, immer noch gilt, was Hermann Kasack, und nicht er allein, in seiner Studie zum *Charakterbild eines Dichters* von Loerke schrieb. Er war und blieb für lange so etwas wie der »große Unbekannte« unserer Literatur, unserer Lyrik. Die Entwicklung seiner Poesie ging vergleichsweise

langsam und fast lautlos vonstatten. Die Kräfte, die von dieser Dichtung ausgingen, waren niemals spontaner, vielmehr spröder, verhaltener Art. Hinzu kam, daß die Wirkungskräfte des Loerkeschen Gedichtes durch die politische Entwicklung später abgewürgt wurden. Als Loerke dann während des Krieges starb, war sein Werk halb verschüttet. Erst seit sechs Jahren haben wir infolge verläßlicher Neuausgaben seines Werkes, die Möglichkeit, uns von ihm in aller Öffentlichkeit ein Bild zu machen.

Welches waren nun die Phänomene, die in Loerkes Lyrik für mich zu wirken begannen? Nachträglich noch ist der Eindruck von einem Vorgang für mich groß, den ich in dieser Lyrik und bei diesem Lyriker beobachtete: Oskar Loerke als Autor hielt sich, in dem, was er schrieb, auf eine für mich bis dahin noch nicht gekannte und vergleichbare Weise zurück. Er entzog besonders da, wo er mir am wichtigsten werden sollte, in seinen Naturgedichten, das poetische Gebilde dem Zugriff der dichterischen Individualität. Er ließ es sozusagen im Gespräch mit sich selber liegen. Das war ein Vorgang, bei dem der Mensch beinahe nicht mehr beteiligt war. Und es wurde die Geburtsstunde einer neuen deutschen Naturlyrik, einer Dichtung, die im Sinne Loerkes »keine Auskunft, vielmehr Aussage« gibt. Hermann Kasack bezeichnete solche Aussage als »Aussage eines Seinszustandes, der im Glücksfalle unser Seinszustand ist«. Oder mit des Dichters eigenen Worten: »mehr der Gesang der Dinge als meine Stimme.«

Loerkes Lyrik – erkannte ich – war eine Lyrik, die angesichts ihrer Erkenntnis vom »Miserablen des privaten Grams und Glücks« Zustände anstelle von Reaktionen gibt. Die Eliminierung des persönlichen Temperaments, der Teilnahme und Anteilnahme oder doch ihre Reduzierung, wurde dann – nicht nur für mich – eins der »Ereignisse« des Naturgedichts Loerkescher Prägung. Hier wurde jemand im Gedicht dem Menschen gegenüber, nach langer Zeit anderer poetischer Praktik, zurückhaltender, vorsichtiger, ja, indifferenter. Das »Erleben« wurde neutralisiert. Loerke sagte dazu: »Ich hatte mein Erleben heimzuleiten in die Form seiner Existenz durch Sprache.« Oder auch, allgemeiner: »Das Ich scheint von vielem Nicht-Ich und All-Ich beschränkt oder bereichert.« Die Individualität wird von nun an – in welcher Variante auch immer – als die von »Überlagerungen« verschiedener Art heimgesuchte dargestellt. Die »magna natura« hatte mit sich zu tun. Auch der Mensch wurde von ihr gelebt.

Ich sah damals nicht die Grenze, die Gefahren eines derartigen Autonomisierungsprozesses der Naturkräfte. Mich faszinierte der starke Objektivierungszwang, der besonders in frühen Arbeiten Oskar Loerkes vorangetrieben wurde, eine Objektivation, die allerdings von einer magisch-pantheistischen »Erweiterung« des Dargestellten begleitet war, von einer naturalen Autosuggestion, die die angestrebte »Existenz durch Sprache« in ihrer Sachlichkeit und – erhofften – Kühle gefährdete durch Elemente sprachlichen »Zauberns«. Es war wohl das, was auch Heinrich Eduard Jacob schon vermutet haben mochte, als er die für Loerke zunächst unzutreffende Formel vom »spielenden Dichter« verwendete. Das »Spiel« war damals nicht im heutigen Gebrauch der Literaturkritik als freie Wortkombinatorik, als absurdes Tun, vielmehr als »Zaubern« zu verstehen gewesen, als sprachliches Suggestivmittel, wie man es tatsächlich beim frühen Loerke beobachtet. Erst später kommen – in Verbindung mit der Zurückdrängung der pantheistischen Komponente in seiner Lyrik – sachlichere Töne auf und dominieren.

Es war nicht einmal das »Spiel« der Natur mit sich selber, das gemeint sein konnte. Dazu war die Loerkesche Natur-Magie, überhaupt die naturale Chiffrenkunst bei ihm und bei seinen Nachfolgern eine zu ernste Dichtung. Sie war es selbst dann noch, wenn sie sich – wie zunächst bei Loerke, später gelegentlich bei dem hier von ihm vielleicht beeinflußten Günter Eich – in exotische

Ferne, ins Chinesische begab. Jener Exotismus bei Loerke gehört zu einer von Loerke, später von Lehmann praktizierten neuen Raum-, Zeit-Perspektive, die von der folgenden, unter Loerkes theoretisch-poetologischen Äußerungen zu findenden Bemerkung erklärt wird: »Auf dem Erdkörper ist alles näher zusammengerückt. Unser Bewußtsein hat sich gewöhnt, mit dem vermehrten Haushalt zu wirtschaften.« Oder: »Das Topographische auf allen Gebieten ist präziser und nüchterner«, ein Satz, der allerdings eher von dem sich präzisierenden Wilhelm Lehmann stammen könnte, der von der »präzisen Zeichenreihe der Dichtung« sprechen konnte, als von Oskar Loerke.

Von Loerke ist in einem seiner Aufsätze die Feststellung überliefert, daß »räumliche und zeitliche Nähen und Fernen« alle einer »Mitte zustreben, und zwar einer sinnlich faßbaren und gesicherten Mitte.« Die literarische, die poetische Verwirklichung der »Nähe der Ferne« sowie der »Ferne der Nähe« wird neu fixiert und ist für ihn »tägliche Erfahrung«. Ist Daseins-Erfahrung, der gegenüber Loerke bekennt: »Ich sträube mich, phantasierend zu erfinden, wo das Dasein stärker ist als jede Erfahrung«. Eine geradezu kanonische Feststellung, die dann von der neuen Naturlyrik, vor allem von Wilhelm Lehmann in seinen Gedichten realisiert worden ist. Loerke gab damals ein dichterisches Beispiel für solche Gesinnung. Er sagte: »Zwölf Zeilen können eine Minute, eine Stunde, ein Jahr vertreten.«

Dieser entscheidende »Kunstgriff« der Loerkeschen Lyrik: sein neuer Raum- und Zeit-Perspektivismus, das, was noch nachträglich von Hermann Kasack festgestellt wurde: »Wenn in der Loerkeschen Welt alle Räume einen Raum bilden und die Ströme aller Zeiten sich in den mythischen Augenblick der ewigen Gegenwart sammeln, liegt darin ein Vollzug dichterischer Magie«: diese Blickwendung des Loerkeschen Gedichtes zog mich ebenso an, wie seine Objektivationsfähigkeit und die sich aus ihr ergebende Zurückdrängung von Autorschaft im Gedicht, Zurückdrängung des

poetischen Subjektivismus. Mir schien beides eine notwendige Voraussetzung für das zeitgenössische Gedicht zu sein.
Das Komprimieren von Raum und Zeit in den Moment der dichterischen Aussage mußte nicht unbedingt zu einem »mythischen Augenblick« werden, wie das Kasack gemeint hatte, wenn diese momentane Magie auch für Loerke in seinen Arbeiten zutreffend war. Aber jedenfalls war durch die Fixierung von Raum und Zeit auf die kleine Zeiteinheit eine Intensität und mit ihr eine literarische Verbindlichkeit entschieden neuer Art gewonnen. Der Moment der Aussage – noch aus dem Prozeß des Entstehens des Gedichtkorpus heraus geäußert – wurde als dominierend gegenüber dem langen und endlosen Nacheinander der Zeitabfolge wie vor der unübersehbaren Breite der Räumlichkeit empfunden. Damit war eine deutsche Version des poetischen Aperspektivismus gefunden, unabhängig und wahrscheinlich ohne Kenntnis von den Errungenschaften des modernen Gedichts im Westen, unabhängig von Apollinaire, dem lyrischen Kubismus seiner Freunde, der perspektivischen Revolution, die durch sie und durch die Surrealisten einsetzte.
Dies alles war natürlich für mich unter den Umständen, unter denen ich in den dreißiger Jahren zu Loerke, Lehmann Zugang fand, etwas höchst Ungewöhnliches und jedenfalls Aufregendes. Hier – spürte ich – war das zeitgenössische Gedicht, allen Vorschriften der politischen Machthaber zum Trotz, ein wirklich modernes Gedicht geworden, wenn ich auch die eigentümlich isolierte und von der internationalen Lyrik wenig berührte Entwicklung Loerkes erst sehr viel später einsah. Als dies geschah, war für mich eine Begegnung bereits Geschichte geworden, und ich konnte sie demnach für mich historisch begreifen.
An Loerke lernte ich den Vorgang der Entindividualisierung einsehen, der für das Gedicht in unserer Zeit so wichtig und folgenreich werden sollte. Und ich merkte mir seinen zornigen Ausbruch gegenüber den »dummen Gefüh-

len« in der Lyrik, die die »ansteckende und vernichtende Seuche« solcher Lyrik seien. So etwas las sich – heute eine Selbstverständlichkeit und keine Äußerung wert – vor mehr als einem Vierteljahrhundert wie eine revolutionäre Mitteilung.

Aber freilich – und das gehört zu den frühesten Erfahrungen, die ich mit Loerke und mit dem, was durch Loerke literarisch ermöglicht wurde, machte – die Errungenschaften der Lyrik Oskar Loerkes waren auf eine überaus schmale Grundlage gestellt, was mit der isolierten Position seiner Lyrik in der deutschen Umwelt zu tun hatte, aber auch allgemein mit der Unfähigkeit des deutschen Gedichts, außerdeutsche Kontakte aufzunehmen und in eine – wie immer geartete – Korrespondenz mit einer international wirksamen Poesie zu treten. An dieser Inzucht krankte auch die Dichtung Oskar Loerkes. Sie blieb zu sehr sich selber und ihren Ausdrucksmöglichkeiten überlassen, zu denen von Anfang an auch jene »drängende, untere Ewigkeit«, jene Humidität und ihr vegetativer Abgrund gehörte, in dem sich später die orthodoxe Naturlyrik verlor, während sie weiter an der Phantomisierung der Individualität arbeitete (und gelegentlich laborierte), wie man sie seit dem für diesen Prozeß besonders charakteristischen Loerke-Gedicht »Nächtliche Körpermelancholie« aus dem Buche »Pansmusik« fixiert findet.

Ich greife mit solchen Feststellungen vor. Sie setzen spätere Entwicklung voraus, die freilich in Loerkes Gedichten angelegt war. Es waren Folgeerscheinungen einer literarischen Konzeption, die zu ausschließlich auf einen bestimmten poetischen Bereich bezogen blieb, die thematisch sich nicht erweitern lassen konnte, ohne von Kräften zu kommen. Diese Kräfte lagen so sehr im Bereich einer alles bestimmenden Fauna und Flora, daß sie außerhalb dieses Bezirks sogleich unwirksam wurden. – Dagegen kamen auch die eigentlich »modernen« Merkmale der Dichtung Loerkes und nach ihm Wilhelm Lehmanns nicht auf, nicht die erwähnte Objektivierung des Lyrischen, nicht der, wenn auch im allgemeinen vorsichtig angewendete, Aperspektivismus.

Diese Ansatzpunkte blieben für mich bis heute wichtig und verbindlich, nicht das poetische Material, die Stoffe, die Thematik des Loerkeschen Gedichts, die mit großem Ernst und aller Folgerichtigkeit immer aufs neue vollzogene Bindung an die vorgegebenen Naturgegenstände. Denn ein derartiger Ernst verhinderte auf die Dauer die notwendig werdende Distanz zur mitunter überdetaillierten Stofflichkeit. – Ich versuchte in dem, was ich an Gedichten schrieb – von einem gewissen Zeitpunkt an, der nun auch schon wieder mehr als ein Jahrzehnt zurückliegt –, die notwendige Entfernung zu gewinnen und mit der Entfernung die Befreiung aus der stofflichen Überwältigung durch das vegetative Detail.

Rechtzeitig zu Hilfe kam mir dabei die Bekanntschaft mit der zeitgenössischen französischen und spanischen Lyrik, auf deren Studium ich damals Jahre verwendete. Mit ihr ergab sich für mich ein »Angebot« ganz neuer Möglichkeiten der Stoffbehandlung, unter Umständen desselben Stoffes. Ich lernte bei der Beschäftigung mit den Franzosen, den Spaniern etwas kennen, was inzwischen auch schon wieder Geschichte geworden war: den Surrealismus in seinen Ausprägungen und Verwandlungen. Diese westeuropäische Literaturphase war, als ihre Wirkungen mich erreichten, längst ins Altern gekommen. Das Land, in dem sie von der Lyrik am wirkungsvollsten praktiziert worden war, Frankreich, hatte sich vom Surrealismus – bis auf einige Nachhutgefechte – abgewendet. – Aber solcher Alterungsprozeß kam mir insofern zugute, als er mir bereits das zuführte, was die surrealistische Wort- und Bildbehandlung zu verarbeiten verstanden hatte.

Vor allem die vom Surrealismus geübte Metaphorik verhalf mir zu einer Lösung vom Stoff-Zwang des Naturgedichts, oder brachte mich doch in ein anderes und neuen Verhältnis zum Stoff. Die Überwältigung durch ihn, die sich im Gedicht als jene merkwürdige Benommenheit bekundete, wie sie für die Natur»magie« so oft eigentümlich war, wich einem souveräneren Umgang mit ihm. Eine neue Gefahr tauchte auf. An Stelle der Knechtschaft des Stoffes konnte die Knechtschaft durch das Bild treten.

So hatte ich fortan eine Balance zwischen Stoff und Bild zu versuchen. Ich vermute, daß sich durch solchen Versuch in meinen Gedichten eine Art Schwebe-Vorgang einstellte. Gleichzeitig stellte sich Schritt um Schritt die Zurückdrängung der Gegenständlichkeit ein. Gegenständliches wurde von mir – zunächst unbewußt – als Ballast, als Belastung empfunden. Aber ich muß hinzufügen, daß nicht nur der Gedicht»gegenstand«, sondern auch das poetische Bild zurückgedrängt wurde. Es setzte – ohne daß eine völlige Strukturveränderung eintrat, ohne daß eine bestimmte Thematik völlig eliminiert wurde – ein lakonischeres Sprechen ein, eine Stimmlage war gefunden, die der sich langsam vollziehenden Veränderung entsprach. Weder ein »Überangebot« an Stoff, wie sie Loerke und diejenigen, die von ihm herkamen, bereithielten, noch ein entsprechendes »Überangebot« an Bild, in der Manier des poetischen Surrealismus, ermöglichen diese trockene, lakonische Tonlage des dichterischen Textes, in der ich mich nach und nach zurechtfand.

Daß ich den Reim damals aufgab – auch ihn schrittweise, im Gegensatz zu Loerke, zu Lehmann –, war für mich ebenso zwangsläufig wie notwendig. Der Vorgang ist zwar augen- und ohrenfällig, aber im Grunde nichts anderes als eine äußere Folge innerer Veränderungen, die weniger sichtbar vonstatten gehen, eine Folge der genannten Reduktionsvorgänge im Stofflichen und im Metaphorischen. Auch »Magie« und was an ihr »zauberhaft« erscheint, wirkungsvoll, oder wie immer man das nennen mag, wurde mit dem Abbau des Reims betroffen. Sie war um akustische und um visuelle »Effekte« gebracht. Ich muß ergänzen, daß eine derartige Betrachtung des Reimes im Gedicht, wie ich sie hier gebe, bereits die Erkenntis seiner Veräußerlichung voraussetzt und ihm – mehr oder minder – nur noch die Funktion eines Versatzstückes, wie sie literarischer Zierat hat, zubilligt.

Wichtiger als das allmähliche Verschwinden des Reimes aus meinen Arbeiten waren Stoff-Verflüchtigung und Bild-Verdünnung. Im Zusammenhang damit trat eine zunehmend knappere Gedichtfassung auf, die gelegentlich bis zur einsilbigen Kürze gelangte. Nun ist allerdings allgemein die »Stoffhuberei« im Gedicht überwunden worden und wo Stoff nicht zu übersehen ist, so tritt er gleichsam in der »Verkürzung«, in einer bestimmten Behandlung, Stilisierung auf. Er muß sich Ironie, Groteske, ein Spielen mit ihm, ein Umspielen gefallen lassen. Dem Stoff wird – mit anderen Worten – auf verschiedene Weise mitgespielt, was ihm übrigens gut zu bekommen scheint. Man bemerkt das besonders als Erleichterung, wenn man aus dem gegenstandsüberfüllten Bereich des neueren Naturgedichts kommt, wie ich es tat.

Die rabiate (oder konsequente) Aufgabe von Stoff- und Sinnzusammenhang im Gedicht, die an die Stelle der Stoff herrschaft die Herrschaft des Einzelwortes setzt, ist – bei meiner literarischen Herkunft – freilich schwer vorstellbar und kaum zu vollziehen. Hier wirkt – so scheint mir – literarische Tradition fort. Loerkes »Gesang der Dinge«, sosehr er für mich historisch geworden ist, so weit entfernt von ihm ich mich mit dem, was ich schreibe, auch aufhalte, ist vielleicht doch insofern noch wirksam als er bei mir verhindert, was inzwischen im Gedicht realisiert worden ist: eine Skelettierung von Stoff und Sinn und der aus ihr resultierende Verbalismus, einschließlich der Autonomisierung des Wortmaterials, die Autorschaft lediglich zu einem Pilotenamt macht. Diese ebenso logische wie gelegentlich bedenkliche Progression, die im übrigen zur Zeit rückläufig zu werden beginnt, hat für jemanden, dem Oskar

Loerke und durch ihn Wilhelm Lehmann und das neue deutsche Naturgedicht und seine immerhin zweihundertjährige Entwicklung vorbildlich wurden, etwas unüberwindlich Problematisches und Fatales. Sie ist für ihn – auch wenn er diese Progression einleuchtend findet – niemals praktikabel.

Unsere Natur- und Landschaftslyrik hat meiner Meinung nach dagegen, auch in ihren besten Augenblicken, bei ihren besten Vertretern, an einer Bedeutungsschwere gelitten, die ihrer Bewegungsfähigkeit, ihrer Variabilität nicht guttat. Sie blieb oft stoffbenommen, stoffbetäubt. Ich versuchte – über die Jahre hin – den Worten größere Leichtigkeit und mit ihr größere Beweglichkeit zu verschaffen und der Zeichenhaftigkeit, der Chiffrenkunst eine Kunst der singbaren Formel einzuverleiben, der »präzisen Zeichenreihe« »mathematisches Entzücken« beizugeben, die geometrische Klarheit, die algebraische Sicherheit. Ich war bereit, diesen Zustand im Zugriff, in der Überraschung, im poetischen Handstreich zu erreichen. Die »Aufhellung« von Bedeutung im Gedicht hat mich möglicherweise von meiner Ausgangsposition nicht so weit entfernt, wie das, artistisch gesehen, scheinen könnte. Und wiederum muß ich die – wahrscheinliche – Wirksamkeit literarischer Herkunft als Grund nennen. – Wenn ich anfangs sagte, daß man sich seine literarischen Vorbilder nicht aussuchen könne, so wiederhole ich jetzt, daß man der literarischen Tradition niemals ganz entkommen wird. Über ein gewisses Maß der Entfernung von ihr wird es nicht hinausgehen. Ich glaube zuweilen noch die Echowirkungen zu spüren, die von dem ausgehen, was ich in jungen Jahren als Lyriker erfuhr. Was alles nicht ausschließt, daß ich mich – ebenso spürbar – in einem immer wechselnden Kraftfeld von verschiedenartigen Einflüssen bewege oder von ihm bewegt werde: lesend, lernend, aufmerksam, neugierig, reizbar, kurz: am Leben, einem Leben, in dem es keinen Stillstand gibt, das mich bis in die einzelne Vokabel prüft, das mich erfrischt, in einem literarischen Leben, das schlaflos macht, weil es mit den Überraschungen, die es bereithält, jeder Phantasie spottet.

(1966)

Vom poetischen Gedächtnis

Bei dem französischen Schriftsteller Francis Ponge findet man in seinem Gedicht *Pelagos* die Zeile vom Gedächtnis als der »Mutter der Musen«. Die Wendung von Ponge – eines Methodikers und kartesianischen Schriftstellers – gerät hier unversehens in die Nähe platonischer Vorstellungen vom Erinnerungsvermögen. Das Gedächtnis bekommt Merkmale seiner Anamnesis. Es wird gleichsam zum Sitz sensibelster Beschäftigung, zum Ort der dichterischen Befassung. Dichtung – so heißt das – bedarf des Gedächtnisses als etwas, auf das sie sich berufen kann. Es gehört zur Genealogie des dichterischen Geistes. Ist es letzten Endes Sitz und Stimme der Inspiration und nimmt ihr das Zufällige, Momentane, den schönen Schock, der zu ihr zu gehören scheint? Das Gedächtnis als Stütze schriftstellerischen Tuns gerät freilich rasch wieder in die Lage, mißverstanden zu werden. Der literarische Prozeß ist mehr als eine Gedächtnisleistung. Aber sicher ist, daß sich die kombinierende Phantasie – diese wichtige Hilfe bei der literarischen Arbeit – des Gedächtnisses bedient. Sie benötigt die menschliche Fähigkeit, bestimmte Bewußtseinsinhalte parat zu haben, sie zu behalten. Die Imaginationsfähigkeit, so könnte man gelegentlich meinen, mobilisiert solche Fähigkeit für ihre Zwecke.

Man weiß, wie sehr der Erzähler, der Romancier auf die Funktion des Gedächtnisses angewiesen ist. Die große Epik hat sich immer wieder mit Gedächtnisinhalten angefüllt. Sie war – unter anderem und bei bestimmten Autoren – beinahe zu einem riesigen Arsenal des Gedächtnisses geworden, eines gleichsam literarisch »organisierten« Gedächtnisses. Die Arbeit des Lyrikers benötigt eher bestimmte Gedächtnisformen. Er ist da irgendwie exklusiver, könnte man finden. Aber er wird wohl schwerlich auf das verzichten können, was man optisches und akustisches Gedächtnis zu nennen pflegt, also auf die ausgeprägt sensoriellen Seiten des Vorgangs: Gedächtnis als erinnerter Reiz sinnlicher Wahrnehmung, als Sensation des Auges, des Ohres, des Geschmacks, des Tastsinns, als Geschichte eines bestimmten Geruchs, der erinnernd gegenwärtig ist.

Das Gedicht hat zu allen Zeiten Beispiele für solcherart anwesendes Gedächtnis geliefert. In ihm vollzieht sich die blitzschnelle Umsetzung des Erinnerungsvermögens, das an bestimmte Stellen fixiert bleibt. Im Gedicht findet sich das Gedächtnis an Farbe, an eine Bewegung, spontaner als anderswo, so scheint es mir manchmal. Das poetische Gedächtnis ist ebenso partiell wie intensiv. Es arbeitet nach Art der Schmetterlingssammler: es spießt – Stück um Stück – die Einzelheit auf, die Winzigkeit, den Augen-Blick im wörtlichen Verstande. Es ist die subtile Genauigkeit der Lupe, die hier erreicht wird, die scharfe, unbarmherzige des Brennglases, unter dem sich der Gegenstand entzündet und in Flammen aufgeht. Dieses Gedächtnis muß für vieles blind bleiben, gerade weil es für bestimmte Details begabt ist. Das Gedächtnis des Lyrikers ist demnach alles andere als unbekümmert oder gar wahllos. Es ist das eigentlich stilisierte literarische Gedächtnis. Geht der Mann, der Gedichte schreibt, an seine Arbeit, setzt sich dieses stilisierende, auswählende Gedächtnis in Bewegung.

Wieviel Narzissenwiesen muß einer gesehen haben, um sich der *einen* Narzisse einer bestimmten Gedichtzeile erinnern zu können, um sich ihrer zu vergewissern, wieviel sich verfärbendes Ahornlaub, um die braunen Ahornfinger im Herbst Wort werden zu lassen, wie viele Male die Sinuskurven erhitzter Luft über dem trockenen Boden des Sommers, die Quadrate frischer Hitze unter schwitzenden Bäumen, knisterndem Laub, um dann Sommer sagen zu können, wie man als Lyriker Winter sagt, nachdem man solchen Winter der Einzelheiten hat durchsichtig wie Glas werden lassen und der winterliche Glasberg immer höher wuchs, während in seinem Innern Flüsse mit erfrorener Seele schliefen? Für das poetische Gedächtnis, wenn es Winter meint, genügt zuweilen nur die Erinnerung an eine Katze, die den fallenden Schnee wie einen Vogel zu fangen trachtete, oder jene andere an das Märchen einer Dame in Weiß am Fenster, hinter dem jemand mit einer Lampe lauerte.

Die Beispiele mögen die Empfindlichkeit eines derart organisierten Gedächtnisses, seine fraglose Anfälligkeit zeigen. Das bildhafte, metaphorisch arbeitende Erinnerungsvermögen des Poeten wird durch die Imaginationskraft gesteigert und leistungsfähig gehalten. Diese ergänzende Fähigkeit entwickelt wohl auch zugleich jenen merkwürdigen Ausleseprozeß. Sie behält sich vor, die imaginierenden Eigenschaften an einen erinnerten Stoff, einen Gegenstand zu entdecken und zu nutzen und den Realitätswert des im Gedächtnis haftenden Augenblicks in die ihm eigene, andere literarische Wirklichkeit zu überführen. Den sensiblen Transport in den gemäßen Bereich gewährleistet die Aufmerksamkeit der Phantasie, die vom Lyriker ständig wachgehalten wird: eine Anstrengung, die dazu führt, daß das poetische Gedächtnis unter anderem auch ein trainiertes Gedächtnis sein muß, das den gelieferten Bewußtseinsinhalt die ihm seine poetische Verwendbarkeit erst ermöglichende Form gibt.

Um bei der Literatur zu bleiben: man weiß, welcher Wert der Tagebuchnotiz als einer Stütze des nicht lediglich literarischen Gedächtnisses beizumessen ist. Mehr noch als das Gedicht ist die diarische Aufzeichnung Äußerung und Wegemarkierung höchst individuell ausgeprägten Erinnerungsvermögens. Sie ist die hilflose und die großartige Ausdrucksform für jeden, der nicht nur mit sich zu Rate gehen und Rechenschaft ablegen, sondern der auch seinem Gedächtnis helfen möchte, der für dieses Gedächtnis in jedem Fall seine Tage und seine Nächte dem Papier zu überliefern trachtet. So verstanden, ist das Tagebuch (wie nur noch

der Brief) ein *document humain* ohne Vergleich. Es ist Verzeichnis einer Menschenspur über die Jahre hin, unter Umständen lebenslang.
Das Tagebuch ist die lautloseste Auseinandersetzung mit dem Vergehen der Zeit und also auch mit dem Schwinden des Gedächtnisses, das mittels der Niederschrift vor einem solchen Schwinden bewahrt werden soll. Zeit- und Gedächtnisvorgang werden aufzuhalten versucht, indem man notiert, indem Fakten und Träume, die Drastik der Realien und das Gespinst der Hoffnungen und Ängste, theologische und physische Versuchungen festgehalten werden und indem man immer wieder an der Fixierung, der Überlieferung einer augenblicklichen Verfassung, an der eigenen Physiognomie arbeitet, sie jedenfalls auf diese Weise in Bewegung hält, seine Konstitution bedenkt, die intellektuelle, sensible oder seine körperliche Konstitution.
Hinter dem literarischen erhebt sich im Tagebuch jenes humane Gedächtnis, das die Kunde des einzelnen vom einzelnen bewahren möchte. Es entrollt die Karte dessen, was einem bestimmten Menschen in einem bestimmten Augenblick festhaltenswert gewesen war: eine Landkarte der abertausend Kleinigkeiten, der Atemzüge, der Pulsschläge eher als der bedeutenden Ereignisse, die anderswo aufgezeichnet bleiben: im Gedächtnis eines Zeitalters, im unbarmherzigen Gedächtnis der Geschichte. Ihr gegenüber bleibt die Individualität in ihren Eigenarten und Grenzen – bei aller Beziehung zu ihrer Umwelt, zur Epoche – ein beinahe geschichtsloses und anonymes Wesen. Aber das literarische Gedächtnis des Tagebuches begibt sich oft gerade daran, solche Anonymität, die mitunter höchster Individualität gleichkommt, zu ihrem Recht zu verhelfen, indem es sie in Erinnerung bringt.
Auf was kommt es dem Gedächtnis an? Es gibt keinen Kanon des Gedächtnisses, sosehr man gewisse Verhaltensweisen, gewisse Gewohnheiten des Gedächtnisses kennt. Wie dem Lyriker aus unzähligen Blumenwiesen *eine* Blume

im Gedicht hinreichend wird, so kann dem diarischen Gedächtnis der Erinnerungswert eines Menschen sich aus dem überlieferten Mosaik, dem Geflimmer der Augenblicke ergeben. Die Prosakunst Marcel Prousts, hinterlassen im gewaltigen Gedächtniskunstwerk *A la recherche du temps perdu,* war, dem Ansatz des spezifischen Erinnerungsvermögens nach, dem Versuch der Rettung von Einzelheiten verwandt: ein Gedächtnis, das seinen Anfang in der erinnerten Wiedergabe bestimmter winziger Vorgänge nimmt. Es gibt in der *Suche nach der verlorenen Zeit* nicht wenige Stellen der Beschreibung des literarischen Gedächtnisvorgangs. Eine solche charakteristische Schilderung findet man etwa zu Beginn von *Le côté de Guermantes,* wo es heißt:

»Manchmal gibt ein Eindruck vergangener Jahre – wie Phonographen, welche Klangfarbe und Stil verschiedener Künstler, die für sie spielten, registrieren – unserem Gedächtnis die Fähigkeit, einen Namen mit dem besonderen Klang uns vernehmbar zu machen, den er damals für unser Ohr hatte: scheinbar ohne daß dieser Name ein anderer geworden sei, fühlen wir die Spanne, welche die wechselnden Träume, mit denen wir diese gleichbleibenden Silben erfüllten, voneinander trennt. Für einen Augenblick können wir aus dem neu vernommenen Klang von Vogelstimmen eines früheren Frühlings – wie aus kleinen Farbentuben – die genaue vergessene geheimnisvoll frische Nuance jener Tage gewinnen, an die wir uns immer erinnern zu können glaubten, und doch hatten wir nur wie schlechte Maler unserem ganzen, auf eine große Leinwand gebreiteten früheren Leben die üblichen, immer gleichen Töne willkürlichen Gedächtnisses verliehen. Und jeder der Augenblicke, aus denen sie sich zusammensetzt, verwandte doch zu einer Originalschöpfung von einzigartiger Harmonie die Farben von damals, welche wir nicht mehr kennen (...) Wenn wir träumend nachdenken und, um ins Vergangene zurückzufinden, die beständige Bewegung, die uns mitreißt, zu verlangsamen, aufzuheben versuchen, dann sehen wir nach und nach nebeneinander, doch alles deutlich unter sich geschieden, die Farbtöne auftauchen, die im Laufe unseres Daseins, einen nach dem anderen, ein und derselbe Name uns darbot.« Das ist im Hinblick auf den Namen Guermantes gesagt. Aber es gilt – über ihn hinausgehend – grundsätzlich für das Arbeiten dieses merkwürdig nuancierten Gedächtnisses, das ich das literarische nannte und das in der Literatur auch an weniger berühmten Beispielen wie dem Prousts so lange zu erkennen sein wird, als es literarische Tätigkeit gibt.

(1963)

Zur literarischen Entwicklung

Das Problem des langen und kurzen Gedichts

Daß die Frage nach der Länge oder der Kürze eines Gedichts, überhaupt nach seinem Umfang, heute wieder gestellt wird, deutet auf eine veränderte Lage in der Diskussion um dieses Gedicht, zunächst bei uns in Deutschland, hin. Diese Frage wäre vermutlich noch vor wenigen Jahren nicht aufgekommen. Sie scheint mir, von der damaligen Situation her, noch nachträglich absurd. Es gehört zu der ja auch schon seinerzeit bemerkten sehr raschen Entwicklung, in der die zeitgenössische Lyrik steht, mit allen ihren Konsequenzen, ihren erheblichen Abnutzungserscheinungen, ihren Überreizungen, wenn ich so sagen soll, daß sie die einzelnen Entwicklungsphasen übertrieben schnell hinter sich bringt. Sie durchjagt sie gleichsam. Und während einer solchen Jagd durch ihre Äußerungsmöglichkeiten verliert sie beinahe alles, was zu einer ruhigen Entfaltung gewonnener Ausdrucksbereicherung oder – bescheidener ausgedrückt – Ausdrucksveränderung führt.

Was auf diese Weise entsteht, ist nicht nur Unsicherheit: – ich könnte mir, zu keiner Zeit, ein Gedicht vorstellen, das seiner »sicher« ist. Es ist vielmehr eine weiter reichende Irritation, die zuweilen zur Verstörung, zur offenkundigen Ratlosigkeit zu werden droht, die sogleich alle jene begreiflichen und gefährlichen Folgen nach sich zieht, die verdeckt im Leben des Gedichts von jeher angelegt sind: die Nutzung zur Fähigkeit der Selbstwiderlegung, zur Selbstaufhebung.

Lyrik bewegt sich seit längerem schon in der von mir auch früher schon dargelegten Zone von Suizid oder von Salto oder doch von verbaler Zersetzung. Die Anfälligkeit ist enorm. Sie ist möglicherweise nicht mehr im gleichen Maße gegeben wie vor einiger Zeit. Die Frage nach der Problematik von Länge und Kürze im einzelnen lyrischen Text ist eines der Anzeichen, daß man weitergekommen ist, daß man haltgemacht hat, daß sich eine rückläufige Bewegung abzeichnet. Die Frage kam von Walter Höllerer. Ihr vorausgegangen war – ebenfalls von Höllerer, gleichzeitig von mir in einem Referat anläßlich des Poetiklektorats an der Universität München im Sommer 1964 vorgetragen – die Frage nach einer neuen Lyrik des – wie Höllerer es ausdrückte – »taste and see«, nach der Lyrik einer neuen, vorsichtigen Sinnfälligkeit oder doch Sinnfügung, einer Lyrik schließlich, die sich auf einer Rückkehr aus dem vielberedeten Schweigen befand.

Das Stichwort zu meinen heutigen Ausführungen liefert eben jene zu erkennende, vorsichtig sich markierende Wahrnehmungsfähigkeit im Gedicht: eine wiedergewonnene Wahrnehmungskraft, freilich ohne Wahrnehmungsfülle, ohne jede rabiate Sinnfälligkeit. – Nun haben einige unserer bedeutendsten Lyriker den bis zur Sinn-Skelettierung gehenden Reduktionsvorgang im Gedicht nicht mitgemacht. Bei Celan gibt es bekanntlich Sinn-Verschattungen, Sinn-Verdünnungen. Es ist ein Bereich, aus dem sich Paul Celan in der *Niemandsrose,* seinem letzten Gedichtband, schon wieder fortzubegeben versucht.

Von Günter Eich stammt die Bemerkung: »Ich schreibe Gedichte, um mich in der Wirklichkeit zu orientieren.« Diese Gelegenheit ist ihm im Gedicht gegeben, und von dieser notwendigen Gedicht-Gelegenheit, vom Gebrauchsgedicht als einem »Gelegenheitsgedicht« hat ebenso Günter Grass seine Vorstellungen vom Gedicht genommen. – Nun ist Eichs »Wirklichkeit« gleichfalls keine sich im Gedicht einstellende grobe Sinnfälligkeit. Er ist mit dem, was er schreibt, ganz selbstverständlich in der Nähe einer Lyrik des Hörens, Sehens, Schmeckens und Ertastens, die Höllerer zu erkennen glaubt. Ich muß in diesem Zusammenhang noch Peter Rühmkorf zitieren, der feststellt, das Gedicht sei heute »gefeit durch Ungläubigkeit« – und – wichti-

ger – es sei »Gedicht in Parenthese, Parodie: Reinfall des Widerspruchs: Vorüberlied und Dennochlied in einem«.
Das Gedicht nach der Rückkehr aus dem Schweigen, zu dem es sich selber und zu dem es die Poeten verurteilten – ist aber weitgehend ein derartiges »Vorüberlied« und »Dennochlied«. Das kann sich auf verschiedene Weisen bekunden: vom ironischen Schnörkel, von der poetischen Scheu, der verbissenen Zurückhaltung, vom lakonisch-distanzierten und sparsamen Handhaben des Wahrnehmbaren bis zu einem märchenhaften Un-Sinn, dessen sinnhafte Herkunft stets erkennbar bleibt.
Die »Gegenstände der Natur«, von denen Günter Grass in seinem Gedicht *Diana oder die Gegenstände* halb belustigt-ironisch spricht, werden unter solchen Umständen für den Lyriker zu Trophäen in einer Sammlung von Merkwürdigkeiten. Gegenständlichkeit, aufs neue zur Sprache gebracht, muß damit rechnen, ins Raritätenkabinett versetzt zu werden, was ihre Rückkehr und ihre Anwesenheit nicht widerlegt, sondern im Zusammenhang mit der Verzichterklärung zu verstehen ist, die vorausgegangen war.
Der Berliner Lyriker Günter Bruno Fuchs – auch *er* einer der Autoren, in deren Gedichten sich die neue Wahrnehmungsfähigkeit in der Poesie abbildet – hat von Gedichten gesprochen, »intakt genug, um zwischen den herrschenden Ideologien ihr eigenes Dasein behaupten zu können«. Diese Wertfreiheit oder doch Wertneutralität, die tatsächlich auffällig ist, bei Fuchs, Uve Schmidt, aber auch bei anders gearteten Lyrikern wie Hans-Jürgen Heise, Dieter Hoffmann und Walter Helmut Fritz, stellt sich allerdings doch unfreiwillig ein. Sie ist – das gilt auch für manche Gedichte von Günter Grass – eher ein Zwang, der bei der Beschäftigung, der Inanspruchnahme des Lyrikers mit der Rückführung des Gedichts aus der sinnfreien Verbalität des Experiments, beziehungsweise bei der Bewahrung seines Textes vor dieser Sinn-Entleerung, auftritt.
Mit derartiger Neutralität reagiert das Gedicht auf jedes

Festgelegtsein um sich her: auf das artistische wie auf das ideologische. Es scheint, als ob die Gegenreaktion vor allem der artistischen Methodologie experimenteller Lyrik gelte: eine unwillkürliche Reaktion, eine Abwehr-Bewegung, vom Lyriker wahrscheinlich nicht bewußt ausgeführt. – Was im genannten »Dennochlied« auftritt oder doch auftreten kann, ist ein schnöder Ton, wie ihn besonders Uve Schmidt in seinen Arbeiten anschlägt, ein Ton, der seine Herkunft von Peter Rühmkorfs bänkelsängerisch-aggressiver Diktion, seinem Witz, seiner kühlen Gescheitheit nicht leugnet. Die Beiläufigkeit des Sprechens entspricht dem »Gedicht in Parenthese«. Die schnoddrige Zurücknahme jeglichen »Anspruchs« ist offenbar das, was manchen jüngeren Lyrikern noch als einzig zulässig erscheint. Auf diese Weise wird übrigens mitunter *mehr* erreicht, als zu vermuten war: das Wahrnehmungsvermögen des Autors, das sich nie lange bei der Sache, bei den Gegenständen, bei seinen Stoffen aufhält und das sie bestenfalls »probiert«, ist gerade durch seinen provisorischen Charakter geschärft und trägt zur Konsistenz des Ganzen bei. Die im raschen, mißtrauischen Zugriff gewonnene Sinnfälligkeit erzielt eine haltbare Gedicht-»Wirklichkeit«, die nicht mehr durch verbale Experimente zerfasert.
Ich wiederhole, daß sich das alles vorsichtig artikuliert, mißtrauisch, auf Widerruf. Es ist ohne Parolen. Es nähert sich dieser neuen Sinnfälligkeit sicherlich ohne Naivität, denn der »Sinn«, den Sinneswahrnehmung im Gedicht ergibt, ist durch die zeitgenössische Lyrik zuvor so radikal in Frage gestellt worden, daß von nun an Fraglosigkeit nicht mehr möglich ist. –
Alles von mir soeben Beschriebene muß man sich als notwendigen Hintergrund denken, der die Frage nach dem Gedichtumfang und seiner vermuteten Problematik überhaupt erst möglich machte. Allerdings bleibt Walter Höllerer nicht bei dem Aufwerfen seiner Frage. Er knüpft an sie eine Forderung. Er fordert das lange Gedicht. Er

hat das inzwischen mehrfach getan: in den *Akzenten* und im Nachwort zu dem ersten Teil der von ihm gesammelten *Theorie der modernen Lyrik.* In seiner Zeitschrift hat er es thesenartig besorgt, im Anthologie-Nachwort auf generelle Weise. Die Reaktionen blieben nicht aus. Sie kamen – wenn ich recht sehe – am vehementesten von Kritikern, von denen bekannt ist, daß sie eine nicht gerade überzeugende Beziehung zum Gedicht haben.

Das macht den Vorgang einfacher als wünschenswert ist: es vereinfacht ihn zu sehr! Man ging auf den Thesen-Ton ein, und die Anti-These war rasch formuliert. Aber was Höllerer vortrug, was er postulierte, war – hinter der These verborgen – wesentlich komplizierter zu nehmen. Es hatte nichts oder doch nicht allein mit Größenvermessung, dagegen mit Gedicht-Substanz zu tun, mit der Frage schließlich nach der Festigkeit oder Unfestigkeit des Gedicht-Körpers, nach der inneren Solidität. Es war eine Frage, bei der sich – wie mir scheint – durchaus ein neuer Strapazierungsprozeß für das Gedicht als Folgeerscheinung einstellen kann. Jedenfalls habe ich den Eindruck, daß Höllerer – ein gründlicher Sachkenner – nicht lediglich mit seinen Forderungen als polemisierend verstanden werden wollte, wenn auch in der Zuspitzung seiner Äußerungen als Thesen polemisch-aggressive oder doch stark motorisch wirkende Elemente zu erkennen sind.

Ein einzelner kann seit langem nicht mehr in eine Entwicklung eingreifen, die sich so stark von der literarischen Individualität gelöst hat, die unabhängig von ihr und in vielem anonym verläuft, die man freilich verfolgen und fixieren kann, die man für eine Weile anhält, in der man sich über sie klar werden möchte. Höllerer hat das getan und ist einen Schritt weiter gegangen. Er hat von ihm wahrscheinlich überschätzte Entwicklungstendenzen, die ihm Anhaltspunkte für seine Darlegungen gaben, voranzutreiben unternommen. Das ist noch kein Eingriff. Aber es verhilft um so eher dazu, über etwas nachzudenken, das er als Bewegungsvorgang beschleunigen wollte und das er belegte – was übrigens für den sein Material kennenden Beobachter genausowenig schwer ist, wie den Gegen-Beleg zu erbringen.

Auf die Geschichte des langen und kurzen Gedichts als eines literarischen Gesprächs-Gegenstandes kann ich nicht nur aus Zeitmangel nicht eingehen. Ich habe heute ausschließlich das Grundsätzliche, Strukturelle des Problems im Sinne, ebenso lediglich seine zeitgenössisch-aktuelle Seite.

Das Plädieren für das umfangreiche Gedicht ist in der Geschichte der deutschen Nachkriegslyrik nicht neu. Schon vor Jahren – bald nach dem Kriege – setzte sich Rudolf Hagelstange für die Geräumigkeit des Gedichts ein. Das war, von seiner damaligen persönlichen Entwicklung her gesehen, folgerichtig. Er hatte die *Meersburger Elegie* geschrieben. Die *Ballade vom verschütteten Leben* stand bevor. Selbstverständlich hat es immer wieder nicht an Stimmen gefehlt, die sich gegen die langen Gedichte aussprachen. – Schon unterm 8. Februar 1860 bemerkte Charles Baudelaire in einem Brief an seinen Freund Armand Fraisse: »Was die langen Gedichte anbetrifft, so wissen wir, was von ihnen zu halten ist. Sie sind die Zuflucht derer, die unfähig sind, kurze zu machen.« Das ist unfreundlich gesagt und trifft nicht einmal auf das zu, was Baudelaire selber geschrieben hat. Aber der Autor so »geräumiger« Gedichte wie *Bénédiction* oder *L'Irréparable* hatte mit seiner Feststellung – abgesehen von einem Seitenhieb auf die Neigung seiner literarischen Freunde und Feinde, lange Gedichte zu liefern – etwas Grundsätzliches im Sinne. Ich beabsichtige nicht, an dieser Stelle einen Katalog polemischer Stimmen und Gegenstimmen zu geben. Es geht hier – wie gesagt – auch nicht um Polemik, vielmehr um Beobachtung und Beschreibung von Phänomenen, Beschreibung von Vorgängen, die nicht zur Ruhe gekommen sind und denen man – als jemand, der Gedichte schreibt – so nahe ist, daß man bestenfalls in der Lage

ist, vorübergehend höchst vitale und also verwirrende Geschehensabläufe zum Zwecke einer Übersicht und hieraus sich ergebender Einsichten zu ordnen.
Hagelstanges temperamentvolle Fürsprache erfolgte zu einem Zeitpunkt, in dem sich das gegenwärtige deutsche Gedicht noch kaum etabliert hatte. Die Entwicklung, die es dann in den fünfziger Jahren nahm, ging über sie hinweg. Man hatte andere Sorgen. Der erzählerische, der balladeske Stoff, den Rudolf Hagelstange – von der eigenen Praxis her – der Lyrik durch seine damaligen Äußerungen beizugeben oder zurückzugewinnen versuchte, verflüchtigte sich vielmehr in der Folge aus dieser Lyrik. Solche Verflüchtigung begleitete allgemein eine Komprimierung, eine Kondensierung des einzelnen poetischen Textes, das heißt, dieser poetische Text wurde zwangsläufig in seinem Umfang zurückgedrängt. Dem langsamen und vielfältig differenzierten Prozeß kam meines Wissens keine theoretische Erörterung zu Hilfe.
Gottfried Benns poetologische Auffassungen – hoch artistisch ambitioniert – waren, als sie ausgesprochen wurden, bereits historisch geworden. Sie beriefen sich zu sehr auf ein künstlerisches Klima, das seine Intention noch aus dem vorangegangenen Jahrhundert gewann. Es waren – unter anderem – auch Theorien eines starken Einzelgängers, das heißt, sie waren so sehr vom Wesen einer dichterischen Individualität geprägt, daß sie Zusammenhang, Zeitgenossenschaft weder suchten noch ihrer bedurften. – Wilhelm Lehmanns aufschlußreiche, gewissenhafte Aufsätze zum Wesen des Gedichts gaben in ihrer Penibilität, der Höhe ihrer Erfahrungskraft, ihrem Wirklichkeitssinn, der bis zur Nüchternheit gehen konnte, doch schließlich lediglich Auskünfte aus einem sehr engen poetischen Erfahrungsbereich.
Das an Umfang allgemein verlierende Gedicht in den fünfziger Jahren war anderen Einwirkungen ausgesetzt, war weiteren Zusammenhängen ausgeliefert als einzelgängerischen Erkenntnissen, deren Verbindlichkeit wesentlich nur

für diejenigen zutraf, die sie mitteilten. – Das deutsche Gedicht wurde während des genannten Zeitraums endlich einbezogen in die Entwicklung, die die internationale Lyrik unterdessen genommen hatte. Sie war damit in ein ungemein starkes Kraftfeld geraten und – freilich spät – von Bewegungen erfaßt, die sich, besonders in den angelsächsischen Literaturen, seit Jahrzehnten vorbereiten konnten und entwickelt hatten.

Einer dieser Prozesse, mit denen sich das Gedicht in Deutschland auseinandersetzen mußte, war eine starke Lakonisierung des lyrischen Sprechens. Die rapide – oder uns doch rapide scheinende – Veränderung, die Herabminderung des hohen lyrischen Schwingungstones, die Infiltration von Prosa-Elementen, von Gebrauchssprache, ja, von Slang: das alles konnte sich auf den Gedicht-Umfang auswirken. Es konnte zu Überdehnungen oder zu spürbaren Verkürzungen kommen. Die progressiven Gedichte reagierten nach wie vor weitgehend mit dem Abbau des Umfangs, oder suchten doch – in Realisation des Klima- und Erfahrungswandels – bevorzugt die Kürze auf.

Kein Zweifel, daß auch – und ich beziehe mich wieder auf angelsächsische Lyrik – bei solcher, ich möchte sagen, Demokratisierung des Lyrischen die Ausdehnungsmöglichkeit mitgegeben war. Unter Umständen trat beim selben Lyriker Überdehnung wie Verkürzung auf: – einleuchtendes Beispiel: William Carlos Williams, der berühmt und folgenreich wurde, ebenso durch seine »momentane« kurze Lyrik wie durch sein monströs umfangreiches Poem *Paterson.* – Es ist aufschlußreich, daß Walter Höllerer in seinen *Thesen zum langen Gedicht* den sogenannten Demokratisierungsvorgang, den Abbau, die Herabminderung des hochstilisierten, gleichsam aus einer zu hohen Stimmlage heraus artikulierten und exklusivisierten einzelnen Gedichts, zu einem Vehikel seiner Auffassungen macht, so etwa, wenn er fordert: »Alle Feiertäglichkeit weglassen«, oder wenn er als Kennzeichen des langen Gedichts seinen

»Umgang mit der Realität« ansieht. – Mit Recht beobachtet er im langen Gedicht die Entlastung des einzelnen Wortes. Nach Aufgabe der Vorstellung vom Exklusivkörper Gedicht und in Verbindung mit dem Fortschreiten des Lakonischen im Gedicht, wird gewiß für das umfangreiche Poem *eher* als beim kurzen lyrischen Text ermöglicht, was Höllerer die »flachen Passagen« oder die »Banalitäten« nennt, wobei er sogleich hinzuzufügen hat: »Flache Passagen sind nicht schlechte Passagen.« Das lange wie das kurze Gedicht stehen aber derselben Situation gegenüber (wieder sei Höllerer zitiert): »Das Zelebrieren wurde unglaubwürdig.«
Auch im Nachwort zur Sammlung *Theorie der modernen Lyrik,* in dem sich Höllerers Plädoyer für das lange Gedicht fortsetzt, wird im besonderen der Ansatz von der abgesunkenen Stimmlage des lyrischen Sprechens her, vom »alltäglich« gewordenen Gedicht her gefunden. So sagt er: »Da die Sprache des Gedichts zu tun hat mit der Sprache der Verständigung im Alltag, wird ein solcher Vergleich durch das Netz der langen Verse immer wieder herausgefordert. Das Wort, das im Gedicht erscheint, spielt zusammen mit dem Alltagsausdruck.« – Hier wird im übrigen nicht so sehr auf das lange Gedicht als auf die Langzeile im Gedicht eingegangen, für die in der amerikanischen Lyrik bis zu den Versen der Beat generation Walt Whitman Muster geblieben ist.
Höllerer fügt dem eben zitierten Satz freilich im nächsten hinzu, daß im Gedicht »Sprache nicht auf Alltagsverständigung beschränkt« sei. Der – wie ich es nannte – Demokratisierung des lyrischen Sprechens wird demnach Einhalt geboten, während in den Thesen immerhin eine Formulierung wie die folgende auftaucht: »Das lange Gedicht ist, im gegenwärtigen Moment, schon seiner Form nach politisch.« Oder: »Wer ein langes Gedicht schreibt, schafft sich die Perspektive, die Welt freizügiger zu sehen(...) Die Republik wird erkennbar, die sich befreit.« Die mit solchen Sätzen sichtbar gemachte Heranführung der – wie

Höllerer mit einem gewissen Recht meint – größeren Beweglichkeit des langen Gedichts an die politisch-gesellschaftliche Sphäre bringt diese, mit Hilfe eines den erwünschten langen Atem behindernden Kurzschlusses, einer Voreiligkeit, um ihre Chance.
Die Verwendbarkeit eines Gedichts ist allemal begrenzt, was auch für das lange Gedicht – mit seiner quantitativ größeren Möglichkeit, Stoffe in sich aufzunehmen – seinem Wesen nach zutreffend bleibt. Die Versuchung, ein Gedicht nutzbar zu machen – oder wie Walter Höllerer unmißverständlich ausspricht, »ein Wort aus der gesellschaftlichen Übereinkunft zu dressieren« –, ist bei der breiteren Materialität des umfangreichen Gedichts offensichtlich erheblich. Den Worten, wenn auch vielleicht nicht dem einzelnen Wort, wird bei derartigen Absichten eine erneute Belastung zuteil, nachdem sie anscheinend in die Freiheit der längeren Passagen geführt schienen. Sie werden dienstbar gemacht und der direkten Wirkung ihrer Verbalität, ihrer Wortherkunft, entzogen. Die unumsetzbaren Worte geraten in Umsatz. Sehr rasch ist bei solcher Auffassung vom langen Gedicht eine extrem andere Situation gegenüber der experimentellen Sinnentleerung im dichterischen Text erreicht. War bei *dieser* eine – ich möchte sagen – Verhauchung von Sinn in einzelne Silben, in Wortpartikel eine der heikelsten Folgen, so wird jetzt das wieder kompakt gemachte, in den Satz, in die Satzbewegung gestellte Wort von zu weit und zu beschleunigt vorgehender Sinnbelastung strapaziert. Das derart dressierte Wort – im Experiment zuvor auf wunderlichste Weise zweckentfremdet – wird nun zweck-belastet und sogleich über-belastet. Es bekommt die Brutalität der Aufbürdung zu spüren, auch wenn das einzelne Wort vom ablaufenden Satz bis zu einem gewissen Grad in Schutz genommen ist, wenn ihm die Belastung inmitten des in Bewegung befindlichen Satzes, der langen Zeilen, der geräumig gewordenen poetischen Mitteilung zugefügt wird.

Die »flache Passage« Höllerers, die keine »schlechte« sein soll, die antimetaphorische Passage auch, versucht in der ihr vom Autor nun wieder zuteil werdenden Behandlung, dem Dilemma auflauernder Dürftigkeit und Tristheit zu entgehen, einem Grau-in-Grau, das schnell ebenso lästig wird wie die poetische Dekoration, wie metaphorisches Schnellfeuer. War der Text bisher oft zu sehr sich selber überlassen gewesen, so wird er im langen Gedicht schließlich doch an der »langen Leine« gehalten, hinter der sich eine Absicht zeigt, die das Gedicht – wie bemerkt – strapaziert und es am Ende verdirbt. Der Vorgang hat übrigens nichts mehr mit dem eingangs erwähnten Typus des »wertfreien« Gebrauchs-Gedichtes zu tun, nichts mehr mit dem »Dennochlied«, dem »Vorüberlied« in der Rühmkorfschen Sinngebung der Formulierung.
In einer Vorbemerkung zur *Theorie der modernen Lyrik* nennt Walter Höllerer drei Autoren, die ihn für die augenblickliche Lage des Gedichts besonders wichtig geworden sind. Und er nennt zugleich die Gründe dafür. Er schreibt: »Insbesondere die Überlegungen von William Carlos Williams über veränderliches Metrum, von Charles Olson über den projektiven Vers und von Tadeusz Różewicz gegen die Bildersucht geben Impulse, die in der gegenwärtigen, aktuellen Lyrik verändernd wirken können.« – Die Bedeutung des Polen Różewicz scheint mir peripher. Sie gilt weit eher für Zustände des Gedichts in seinem Lande und ist gegen die dort weit naivere oder doch unbedenklichere, großzügigere metaphorische Behandlung und – wenn ich es so nennen darf – »Aufladung« des lyrischen Wortes gerichtet. Seine Aversion gegen das im Gedicht dominierende Bild hängt mit einem bestimmten Purismus zusammen, der in seinem Wesen und in seiner Entwicklung angelegt ist, auch mit dem poetischen Rigorismus, wie er in Kreisen der polnischen Widerstandsbewegung, aus der Różewicz hervorgegangen ist, zu beobachten war.
Bei William Carlos Williams ist es nicht der Verfasser des

x Langgedicht / Quellen II
Gesänge

ausgesprochen kurzen, momentanen Gedichts, wie man es in den *Collected Earlier Poems* und in den *Collected Later Poems* findet. Es ist das Langgedicht über eine amerikanische Großstadt, das fünfbändige *Paterson*-Gedicht, ein spätes Werk von Williams, auf das Höllerer ausschließlich fixiert ist, wie auf die Überlegungen des Dichters *I wanted to Write a Poem,* die sich mit dem – wie Williams es nennt – »Meilenstein« des *Paterson*-Textes auseinandersetzt, der nun freilich seiner Ambition nach und vielleicht auch nach seinem Gelingen den Vergleich mit anderen bedeutenden Langgedichten des Jahrhunderts nicht zu scheuen hat: mit den *Cantos* von Ezra Pound, dem *Canto General* Pablo Nerudas, mit den freilich eher freskenhaft organisierten Gesängen von Saint-John Perse. Man kann an die *Wirbelsäulenflöte* Wladimir Majakowskijs denken, auch – von der poetischen Organisation her – an Eliots *Waste Land.*

Aber William Carlos Williams hat – bis zu den Poeten des Black Mountain College, bis zu dem wahrscheinlich bedeutendsten jüngeren amerikanischen Lyriker dieser Jahre, bis Robert Creeley – beharrlicher durch das kurze, dingfeste Gedicht, das Gedicht von *Handtuch, Kühlschrank und Nachttischschublade,* von dem Enzensberger im Nachwort zu seiner Auswahl-Ausgabe der Gedichte von Williams redet, eingewirkt. Doch blieb Williams damit außerhalb des Höllererschen Konzeptes, für das allerdings der dritte der genannten Lyriker, Charles Olson, erheblich geworden ist.

Wenn ich heute mehrfach von der wiedererlangten Bedeutung des Satzzusammenhangs, der Satzbewegung innerhalb des poetischen Textes gesprochen habe und wenn Höllerer das tut, so ist das sicherlich beeinflußt – oder doch in Verbindung zu bringen – von dem Nachdenken Charles Olsons über das, was er den projektiven Vers nennt. Es handelt sich hierbei um eine gründliche, scharfsinnige und konsequente Befassung eines zeitgenössischen Lyrikers

– Olson ist fünfundfünfzig Jahre alt – mit der Poesie, die er produzieren möchte und produziert. Ich füge hinzu, daß seine Befassung in ihrer Konsequenz eine Überprofilierung annimmt, eine Radikalität, die sie um einen Teil ihrer Wirkung bringt. In Olsons Überlegungen ist schließlich zu wenig offen gelassen worden. Es bleibt nichts zu ergänzen. Die poetologischen Bemerkungen leiden gerade an dem Zuviel dessen, was sie geben. Sie haben keinen Spielraum. Ihr Rigorismus ist übrigens verständlich. Er kommt zustande als Abwehr-Bewegung gegen die Wählbarkeit der poetischen Methode, gegen die Verfügbarkeit der poetischen Praxis heutzutage.

Olsons sogenannter projektiver Vers macht den Versuch, das Gedicht, die Gedichtzeile vom Ohr und vom Atem her in Gang zu halten. Ausgangspunkt ist für ihn die Silbe, die er als kleinste Partikel bezeichnet. Olsons Sillabismus geht bis zur Emphase: »Ich sage die Silbe, die Königin und daß sie spontan ist, solcher Art: das Ohr, das Ohr, das gesammelt hat, das gehört hat, das Ohr, das dem Geist so nah steht, daß es ein Teil von ihm ist, daß es seine Geschwindigkeit besitzt(. . .)« Das Gedicht entsteht für ihn aus Silbe und Zeile. Er fügt hinzu: »Und die Zeile stammt (ich schwör's) vom Atem vom Atem dessen, der schreibt, im Augenblick, wo er schreibt.« Der nächste poetische Schritt ist bei Olson der Schritt zum vielzitierten Satz. »Der Satz als erster Akt der Natur, als Blitz, als Kraftübergang vom Subjekt zum Objekt.« – Von Olson wiederum stammen abfällige Bemerkungen vom Vers, der sich »in der Süße von Metrum und Reim in einem Honigtopf« verlor, von der Metapher, vom Vergleich, der für ihn »nur ein Vogel ist, der allzuleicht herunterkommt«. Man sieht hier übrigens, wie schnell und wie anmutig sich die so behandelte poetische Praktik zur Wehr setzt!

Der Satz als Atmungsvorgang, als Auslöser der poetischen Konzeptionsbewegung, aufgebaut aus Silben, die zu Wörtern wurden und Zusammenhang – in jener Bewegung vom

Subjekt zum Objekt, zum Gegenstand, zum Stoff, zum »Thema« – herstellen! Das schafft freilich andere Verhältnisse als man sie beim Reduktionsgedicht, beim skelettierten poetischen Text vorfindet und hat ganz sicherlich nichts mit dem gefährlichen Hintreiben auf das dichterische Verstummen zu tun. Er baut auf. Er fängt wieder an – so scheint es – nach der schwierigen Passage, die wir im sinnentleerten Gedicht durchzumachen immer noch im Begriffe stehen. Das Gedicht lädt sich im poetisch verwendeten *Satz* wieder mit Inhalt auf. Es kommt gleichsam wieder zu Stoff. Mehr sollte zunächst nicht festgestellt werden. Und schließlich – um in Olsons Vorstellungskreis zu bleiben – kommt es darauf an, wie *lange* ein derartiges Gedicht bei Atem bleibt. Das Momentane wie das Langanhaltende wird gleichermaßen möglich. Man hat zu wählen. Höllerer wählte den durchgehaltenen Atem, den poetischen Satz, der Sätze nach sich zieht, die wiederum Inhalte zur Folge haben. Er konnte sich auf Beispiele für das lange Gedicht bei Olson und bei anderen berufen. Er zog – in den *Akzenten* – auch deutsche Beispiele heran. Er betonte den erwähnten »Aufbau«-Charakter: »Im langen Gedicht bauen wir, aus den verschiedensten Wahrnehmungen, eine mögliche Welt um uns auf (. . .) Doch dies ist nur möglich mit freierem Atem, der im Versbau, im Schriftbild Gestalt annimmt. Ich werde mir sichtbar.« Oder auch: »Das lange Gedicht löst durch Bewegung die Gefahr des Hinstarrens und Starrwerdens im enggezogenen Kreis, es führt zugleich aus der starrgewordenen Metaphorik, der knarrenden Rhythmik (. . .), stellt sich einer weiteren Sicht.«
Diese Thesen von Höllerer sind unter dem Eindruck des Befreienden einer poetischen Konzeption geschrieben, die sich von Anfang her beweglich gibt. Der voreilige Schluß, der gezogen wird, beginnt dort, wo die Meinung auftaucht, daß einmal durch derartige anfängliche Beweglichkeit der Konzeption (die unter Umständen sehr rasch an ihr Ende kommen kann) ein gewisser Gedichtumfang gewährleistet

oder doch initiiert sei, zum anderen, daß im solcherart ermöglichten, langen Gedicht die Gelegenheit gegeben sei (*allein* gegeben sei), »Welt um uns« aufzubauen.
Diese Perspektive ist – gelinde gesagt – einseitig. Als gäbe es sie nur in der vermehrten Mitteilungsmöglichkeit von Stoff! Es gab seit je die *andere,* die verkürzte poetische Perspektive, ein Perspektivismus des Aussparens, der wenigen Wortgesten, der poetischen Ellipse. In diesem Vorgang – der im *kurzen* Gedicht vollzogen wird – verbirgt sich nicht minder die geforderte, erwünschte, vermutete »mögliche Welt« Walter Höllerers, freilich eine Welt, in einem nun sehr weiten Wortverstande, die sich nicht in ihrer Stofflichkeit übernimmt, die sich nicht unversehens mit Stoffen gemästet findet, die sie nicht verdauen kann. Ich denke hier an die politisch-gesellschaftliche Beziehung, die Höllerer allein vom langen Gedicht aufgenommen findet, dank seines geräumigen verbalen Reservoirs. Bekanntlich hat Brechts lakonische Kürze auf hervorragende Weise – um mit Höllerer zu reden – »Republik erkennbar« gemacht!
Höllerer ist fasziniert vom im langen Gedicht wiedergewonnenen syntaktischen Zusammenhang und der sich aus ihm ergebenden quantitativ größeren poetischen Äußerungsfähigkeit, die für ihn sogleich zu einem *qualitativen* Gewinn wird. Mir scheint, daß der verbale Apparat eines Gedichts noch nichts über seine Qualität besagt: – der Umfang des Apparates, die Zurückhaltung, die Behutsamkeit oder die Großzügigkeit, mit der solche Apparatur gehandhabt wird. Das ist bestenfalls eine Bedienungsfrage. Wohl verhilft das Aufsuchen von Syntax, von Satz-Zusammenhang zu einer verbalen Freizügigkeit, die aber keinesfalls unumschränkt und ungefährdet ist. Wenn die zur Darstellung kommenden Stoffe, also etwa gesellschaftlich-politische Verhältnisse mit ihrer bemerkenswerten Veränderbarkeit, ihrer Untreue gegenüber dem guten Glauben an Folgerichtigkeit, nicht mehr zu stimmen beginnen, gibt es in der breit angelegten poetischen Mitteilung sehr bald ein Geklapper nicht mehr stim-

mender, nicht mehr zueinander passender, sich lockernder Zusammenhänge, das der von Höllerer festgestellten knarrenden Rhythmik im kürzeren Gedicht nicht unähnlich scheint und jedenfalls mindestens ebenso lästig wird. Da hilft dem langen Gedicht die beste Syntax nichts!
Erstaunlich und vorschnell überhaupt ist die Etablierung des langen Gedichts auf Kosten des kurzen. Es mag schwerfallen, es nicht umgekehrt mit ebensoviel Recht und möglichem Gewinn zu versuchen. Indessen geht es hier nicht um plakative Vorstellungen, sondern um das Erwägen der Entwicklungs- und Äußerungsmöglichkeit des Gedichtwesens unter den aktuellen Umständen, unter den Voraussetzungen, die wir vorfinden, und denen Lyrik – ob sie lang oder kurz gerät – im gleichen Maße ausgesetzt bleibt. Es geht – immer wieder – um die kühle Beobachtung eines überbeweglichen Körpers, der die Fähigkeit hat, sich Zumutungen oder gar Zugriffen zu entziehen, der vorstellungs- und meinungsflüchtig bleibt, gerade dann, wenn man auf »Meinung« ausgeht.
Um auf das *kurze* Gedicht zu kommen und auf Walter Höllerers Gewährsleute für seine Theorie vom langen Gedicht: In derselben Lyriker-Pflanzschule, dem Black Mountain-College, und in großer Nähe zu Charles Olson hat Robert Creeley seine Gedichte geschrieben, die übrigens – wenn auch noch nicht in deutscher Buchausgabe herausgebracht – von Klaus Reichert, dem Übersetzer Olsons, in deutschen Übertragungsbeispielen vorliegen. (Ich verweise hier auf seine Sendung über Creeleys Lyrik im Westdeutschen Rundfunk vom 6. August 1962.) Olson ist wie für andere amerikanische jüngere Lyriker die Brücke zwischen Pound, Williams und ganz verschiedenen poetischen Temperamenten der jungen, der – wie Reichert es nennt – »additiven« Lyrik von Ginsberg, Gregory Corso einerseits, und den stillen, konzisen, knapp formulierenden, aussparenden, elliptischen Gedichten von Creeley, Blackburn und Duncan.

x Poem

Die poetologischen Äußerungen Olsons – wie ich sie im Verlaufe meiner Ausführungen gelegentlich zitiert habe –, seine Vorstellungen vom Atmungsvorgang bei der poetischen Konzeption, sein Nachdenken über das Wiederzustandekommen des dichterischen Satzes im Vers, hat Creeley – den Sie immer zunächst als ein Gegen-»Muster«, als Beispiel für die gleiche Ausgangsposition für das sogenannte lange und das sogenannte kurze Gedicht sehen wollen – in seinen eigenen Gedichten zur *singbaren Formel* verkürzt. Seine Hinweise auf den liedhaften Charakter seiner Lyrik sind aufschlußreich. Er spricht von der »Anonymität irgendeines Lieds am Ende«, die für die Lyrik charakteristisch sei.

Ich wiederhole die Definition *singbare Formel,* in der das Cantable in der Verkürzung ebenso erkennbar ist wie der kurze Prozeß – möchte ich sagen –, der mit dem Gedichtablauf gemacht wird. Man hat in dieser Poesie des knappen Gedichts durchaus das, was ein Meister des »momentanen« Poems, Guillaume Apollinaire, bereits vor über einem halben Jahrhundert vom kurzen Gedicht zu sagen hatte. Er läßt es in folgenden Worten Erscheinung werden:

»Es ist da.
Es nimmt Platz.
Es achtet nicht auf die Feuergestalt mit roten Haaren,
Das Zündholz flammt auf.
Es ist fort.«

Das ist nichts anderes als der Versuch einer Beschreibung der »Gestalt« des kurzen Gedichts. Freilich – füge ich hinzu – könnte hier ein Mißverständis in der Luft liegen. Auch in seiner kürzesten Form ist ein Gedicht länger wirksam als für die Dauer des Abbrennens eines angerissenen Zündholzes, so verführerisch sich auch das Momentane in einem derartigen lyrischen Bilde bekundet.

Das Singbare muß nicht zur Gedichtformel, zur Gedicht-

Abbreviatur gehören. Der geringe Umfang kann auch durch jene Einsicht in die »semantische Dichte der Dinge« zustande kommen, von der Francis Ponge in den *Proëmes* redet. Es ist unter Umständen ein »gegen die Worte Sprechen« – wie bei diesem Lyriker –, das daraus resultiert. Es ist das, was Ponge folgendermaßen formuliert: »Die Worte sind alle fertig und drücken sich aus: niemals mich. Hier ist es nützlich, die Kunst des Widerstands gegen das Wort zu lehren.« Verständlich, daß jemand als Folge solcher Beobachtung Gedichte schreibt, die die Ellipse, die Kunst des Fortlassens, der wie immer ausgeprägten poetischen Weitschweifigkeit vorziehen.

Die Dinglichkeit, das Kompakte, das Widerstandleistende der Worte hat schließlich dem Lyriker William Carlos Williams zu seinen komprimierten Gedichten verholfen, die bei aller Konzentration doch eine klare Sachlichkeit, jenen berühmten Williamsschen Lakonismus aufweisen, dessen Folgen bis in einige deutsche Nachkriegsgedichte zu vermuten sind. – Die Rolle des Lakonischen beim kurzen Gedichttext wird hier wieder einmal evident. Der gedrosselte lyrische Schwingungston, die von mir erwähnten Elemente des Prosaduktus, schaffen eine günstige Voraussetzung für das knappe, das wortkarge Gedicht, das sich der verkürzenden poetischen Mitteilung als der ihm gemäßen Diktion bedient. Es ist das ökonomisierte Gedicht, das Gedicht des sparsamen Worthaushalts, mit dessen Hilfe es sich gegenüber manchem zurechtfindet: auch gegenüber dem von Francis Ponge als Faktum und Definitivum angeführten Phänomen, daß die »Worte alle fertig« seien und sich ausdrücken. Ein anderer Tatbestand, dem das kurze Gedicht im verkürzten lyrischen Sprechen gerecht zu werden versucht, ist das Problem der trotz der neuen Lyrik-Theorien noch nicht überwundenen Stoff- und Sinnverflüchtigung und -verwischung. Der Stoff erscheint im kurzen Gedicht außerordentlich zurückgedrängt. Die Kondensierung der Wörter bei der Realisation des Gedichts ist die Reaktion des Autors auf Stoffverflüchtigung. Die poetische Ellipse ist Ausdruck sowohl für Stoff- und Sinnbedeutungsschwund wie für den Versuch, ihn wenigstens in der Aussparung und in der aussparenden Wortkonzentration aufzuhalten.

Man sieht, wie vielschichtig die Umstände sind, die einen Lyriker zur Beibehaltung, zur Praktizierung des kurzen Gedichtes nötigen. Es ist schließlich seine spezifische Form des Zum-Leben-Kommens, des Daseins, des Überlebens. Und die Überlebens-Chance ist bei dem gegebenen geringen Umfang gewiß nicht kleiner als beim langen Gedicht mit seiner größeren Verletzlichkeit während des relativ länger andauernden Textablaufs, einer Verletzlichkeit, die durch unbewältigte Stofflichkeit jeder Art hervorgerufen wird: aus dem Dürftigwerden von Zusammenhang, der wieder aufgesucht worden war, aus der Veränderbarkeit von stofflichen Zusammenhängen, gleich ob es sich um die des öfteren genannten prekären gesellschaftlich-politischen oder um wesentlich privatere, also etwa erotische, handelt.

Worauf es ankommt – beim kurzen wie beim langen Gedicht – ist auch wohl das, was William Carlos Williams die »Energie innerhalb der Form« nennt. Und ich füge hinzu: Das Durchhalten einer solchen Energie innerhalb eines Gedichts, was – zunächst einmal aus Umfangsgründen – beim geräumigeren Gedicht schwerer zu erreichen ist als beim kurzen Text. Leere Stellen gibt es sicherlich beim langen wie beim kurzen Gedicht. Und ebenso sicher sind sie beim kurzen weitaus unerträglicher, weil sie auffälliger sind. Es sind jene »ausgedrechselten Stellen«, die Höllerer meint, und die er mit Recht als »ärmliche Stellen« bezeichnet. Aber das »Zugeben von Banalitäten« im langen Gedicht kann eine Verlegenheit sein, die nicht darüber hinwegtäuscht, daß es die ärmlichen Stellen hier wie dort gibt und daß sie im langen Gedicht die Verlogenheit der Banalität für sich in Anspruch nehmen wie im kurzen Gedicht die Verlogenheit von Präzision, Geheimnis, von Chinoiserie.

Die Energieleistung scheint mir beim kurzen Gedicht deshalb größer zu sein, weil in ihm die Placierung des einzelnen Wortes ungleich wichtiger und folgenreicher wird, und man den poetischen Konzentrationsvorgang auf eine besonders ergiebige und empfindliche Weise ausgebildet findet. Das Verkürzen, das Fortlassen also, mutet der sensiblen Anstrengung *mehr* zu als das Zulassen im geräumigeren Gedicht, als eine Schutzsuche der poetischen Unfähigkeit bei flachen Passagen, die zu nichts anderem gut sind, als einen bequemeren lyrischen Sprechablauf zu verlangsamen.

Es sind vielleicht nicht die flachen, aber die undichten Stellen eines Gedichts. Poetische Largesse ist poetische Bequemlichkeit, die bereit ist, immer *mehr* im Gedicht unterzubringen als es tragen, ertragen kann. Natürlich kann es auch in ihm – mit genügendem Kalkül gehandhabt – zu einer »Zerreißprobe des Satzes« kommen. Aber im allgemeinen bleibt man beim Vollstopfen des Satzes mit Stoff, mit Worten, die Stoff vertreten. Aus dem langen Atem eines geglückten poetischen Satzes wird doch zu leicht etwas Derberes. Unversehens ist aus dem Gedicht so etwas wie eine gestopfte Gans, ein gemästeter Vogel geworden, gemästet mit allzu freizügiger Perspektive, erstickt am zu langen Sich-Einlassen mit Zusammenhängen, die über das Gedicht hinauswachsen, die es schließlich vor unverdauter Stofflichkeit platzen lassen. – Man sieht, wie rasch das gehen kann! Noch haben uns die Schatten nicht verlassen, die aus den schattenhaft gewordenen Gedichten stiegen, und schon fürchtet man sich vor dem Gegenteil!

Der Unsicherheitsfaktor, der es zu derart rapid sich einstellenden extremen Verhältnissen kommen läßt, ein für die Entwicklung und die Verwicklungen des *deutschen* Gedichts immer wieder hervortretender, manchmal – wie ich schon anfangs sagte – beherrschender Faktor, ist geblieben.

Er wird – fürchte ich – uns weiterhin zu schaffen machen, ob es nun um lange oder kurze Gedichte geht oder um andere Probleme.
Und übrigens: Walter Höllerers List – die List des Kenners, der sich beim Bekennen ertappt – versucht am Ende seiner Thesen die Verhältnisse wieder richtigzustellen und den Provokateur dem Kundigen zu überliefern. Hier seine letzte These: – »das lange Gedicht als Vorbedingung für kurze Gedichte.« Es ist wohl so, daß es mit der poetologischen Wahrheit wie mit dem Apfel in Robert Creeleys Gedicht *Jugglers Thought/Gedanken eines Gauklers* steht, der gleichermaßen vom Frost wie von der Sonne gerötet ist:
»Truth is like an apple reddened by frost and sun.«

(1966)

Die wiedergewonnene Wahrnehmung im Gedicht

Es gehört zu den Mißverständnissen, denen sich das zeitgenössische Gedicht ausgeliefert findet – nicht zuletzt durch die, die es schreiben –, daß man es nahezu unbegrenzten Zumutungen aussetzen könne. Die Versuche, die an ihm im Laufe der Jahre vorgenommen wurden, haben freilich seine ererbte Widerstandsfähigkeit erwiesen. Gelegentlich konnte man tatsächlich meinen, es sei beliebig strapazierfähig. Außerdem war und ist bei den ernst zu nehmenden Autoren sogenannter experimenteller Poesie kein Mutwille, viel eher eine eiserne Konsequenz zu beobachten, eine besondere Verbissenheit, die manchmal einer eigentümlichen Hilflosigkeit gegenüber dem Gedicht als einem sensiblen corpus von entsprechender Reaktionsfähigkeit gleichkommt. Der lyrische Text zeigte sich oft durabler als sein Verfasser. Die große Selbständigkeit, die er in zunehmendem Maße gegenüber dem Autor – dank der Intentionen dieses Autors allerdings – gewann, kam seinem Willen zum Überleben gefährlicher Lagen zugute.

Die Situation, in der sich Gedicht und Autor heute nicht selten befinden, ist die, daß *beide* einander allein gelassen zu haben scheinen. *Hier:* das autonomisierte in ungemeine Freiheit gesetzte Poem, der radikal unabhängige Text. *Dort:* der Schatten einer Autorschaft. Dieser Kontaktmangel zwischen dem Gedicht und dem Verfasser des Gedichts – gründlich durch die Entwicklung der Lyrik in unserem Jahrhundert vorbereitet und als Befund ohne jede Überraschung – hat verschiedene Schwäche-Phasen durchgemacht, die zugleich faszinierend und beklemmend waren. Sie sind von den Beobachtern der Entwicklung beschrieben und verschieden beurteilt worden. Kaum jemand hat die Folgerichtigkeit des Prozesses bestritten.

Mitunter hat man auch – unter Rückgriff auf Erfahrungen der Literaturhistorie im allgemeinen und des Gedichts im besonderen – bei Vergleichen Zuflucht genommen. Das hatte etwas Beruhigendes, traf aber auf die inzwischen offenkundig werdende Heillosigkeit, die Rigorosität, die um sich zu greifen begann, immer weniger zu. Die Rapidität, mit der der Bedeutungsschwund, der Sinnverfall im Gedicht-Experiment zutage tritt, ist schneller als die Umständlichkeit, zu der jedes Vergleichen herausfordert. Solche Schnelligkeit ist das eigentlich Fatale, nicht die Konsequenz der vorliegenden Entwicklung überhaupt.
Das Tempo der Sinn-Abnutzung, der die verbale Abnutzung längst folgte, ist – augenfälliger innerhalb des eng umgrenzten Gedicht-Raumes, in dem es sich ereignet, als in anderen Literaturbereichen der Gegenwart – eines der Phänomene, denen sich künstlerische Hervorbringungen in unserer Zeit allgemein ausgesetzt finden. Der enorme Verschleiß künstlerischer Praktik ist in der Musik und in der bildenden Kunst deutlicher als in der Literatur. Aber er findet auch in *ihr* mit jener atemberaubenden Beharrlichkeit statt, die – jedenfalls im Gedicht – ausweglos wirkt. Das sich nahezu selber überlassene Gedicht, der poetische Text, in dem es sozusagen nur noch zu Stellungskämpfen, zu schattenhaften Bewegungen und Arrangements, flüchtigen Kopulationen und anhaltenden Feindschaften zwischen einzelnen Wörtern, mitunter zwischen einzelnen Silben, zwischen Wort- und Silbenverwitterungen und -verhunzungen kommt: ein derartiger Text, der mit ein paar Händen voll Vokalen und Konsonanten isoliert lebt, ist schließlich nicht mehr als ein Steigerungsmittel lyrischer Abstraktion anzusehen. Die Vorstellung, die mit verbaler Abstraktion im Gedicht verbunden ist, hat noch mit der Vorstellung vom Vorhandensein eines – wenn auch noch so verdünnten – Sinngehalts zu tun. Paul Celans Gedicht läßt sich hier noch einordnen – um ein sich aufdrängendes Beispiel zu nennen. Aber das – man könnte

sagen – celanisierte Gedicht weist alle Zersetzungserscheinungen auf, die über den genannten Abstraktionsprozeß hinausgehen und ihn schließlich nicht nur widerlegen, sondern in jenem »schweigenden« Gedicht enden, aus dem das Sinn- und Bedeutungsleben vollends gewichen ist.

Die Gedicht»leichen«, Textleichen aus abgestorbenen Worten, sind von Celans ungewöhnlich organisiertem Witterungsvermögen, seiner der eigenen literarischen Zukunft vorauseilenden sensitiven Intelligenz, seinem unerbittlichen Kunstverstand seit langem erkannt worden. Er hat sie bei Namen genannt, und indem er so verfuhr, hatte er schon begonnen, von der gefährlichen Faszination abzurücken, die vom solcherart »verstummenden« und vor seinem Autor flüchtigen Gedicht ausgeht. Die neuen Arbeiten Celans, die Cantabilität einzelner, wenn auch noch versteckt gehaltener Gedichttexte seines Bandes *Niemandsrose* lassen das erkennen.

Das mit dem in jedem Fall begrenzten, eigenen Wortmaterial allein gelassene Gedicht ist das in Agonie begriffene Gedicht. Es ist – nach einer Formulierung Celans – das zu lange dem »Partikelgestöber« ausgeliefert gewesene Gedicht, das nach einer Zeit der Überbeweglichkeit, der überschnellen verbalen Konfigurationen, der freien und absolut gewordenen Kombinatorik, in einen verbalen Starrkrampf verfällt. Das Piloten-Amt des Autors eines poetischen Textes kann solche Starre in dem Augenblick nicht mehr verhindern, in dem die von ihm vorgenommene Steuerung des Textes ihm vom Text selber aus der Hand genommen ist, in dem er die Herrschaft über den Produktionsvorgang verliert und in dem der Rest von Beziehung, der notwendig ist, ohne sein Zutun abbricht. Das »Schweigen« des Gedichts, das zurückbleibt, ist ein beziehungsloses Schweigen, also Todesschweigen des Gedichts.

Nur wenn die Automatik der Steuerung, die der Textautor vornimmt, funktioniert, wenn sie stark genug ist, um nicht »auszufallen«, wird der Text eine Weile dem Schweigen

vorenthalten. Aber es ist – merkt man – in jedem Fall ein Vorgang auf Widerruf, so eindrücklich die Willensanstrengung des sich vom Gedicht entfernenden Autors gegenüber dem Gedicht-Corpus auch bleibt.
Die Beispiele, die Franz Mon, Rühm in Österreich und der viel zu wenig bekannte Ernst Jandl (Österreicher wie Rühm) in dieser Hinsicht liefern, bekunden diese letzten Anstrengungen kontaktverlierender Autorschaft. Jandl hat neuerdings serielle Texte herausgegeben, in denen jeweils durch die Vorherrschaft eines bestimmten Vokals eine Steuerung des Textablaufes ermöglicht werden kann, ohne daß das Wortmaterial erstarrt. Aus der E-Serie – in einem Aufsatz wird sie von dem Wiener Lyriker Andreas Okopenko mit »makroinhaltlich« zu kennzeichnen versucht – sei das folgende Beispiel entnommen:

henker messen

»henker messen schwebende hemden
gefesselte dehnen bemessene strecken
henker berechnen bequeme brechstellen
gefesselte essen enge fenster leer
henker sehen gefesselte zerbrechende stege flechten
gefesselte zertreten erbetene erdbeben
henker entfernen letzte sehflecken
gefesselte essen zerquetschte kehlen«

Die acht Textzeilen lassen durchaus die Intention des Autor-»Piloten« ersehen: durch eine Schaltung – die Dauer-Verwendung des Vokals E – ist ein gewisser Ablauf des Ganzen gewährleistet, und nicht nur *das:* – es stellt sich eine, wenn auch noch so bescheidene Auffüllung des Textes mit *Sinn,* mit *Stoff* ein. Dieses Gedicht bietet einen unverkennbar makabren Inhalt. Es spricht sich geradezu »über etwas« aus: über terrorisierte Humanität nämlich!
Das ist, artistisch gesehen, erstaunlich: Der Verwendungs-

einsatz eines einzelnen Buchstabens verhindert den Abbruch der Beziehungen zwischen Poem und Poeten! Es gibt die ferngelenkte Autorschaft. Es gibt das vom Willen des Autors bestimmte oder beschattete Gedicht (denn natürlich kommt nicht *mehr* als eine höchst schattenhafte Beziehung zustande), das auf solchen Willen mit »Sinn« antwortet oder doch den Willen als »Sinn« reflektiert. Die Verhinderung des Schweigens scheint noch einmal erzielt. Aber es handelt sich eben um dies Widerrufbare der Situation, die als Falle über Verfasser und Text jeden Moment zuschnappen kann. Verhinderungen des Schweigens sind auf die Dauer kein Ausweg aus einer Lage, in der die Schrecken einer vollkommenen Leere sich ausbreiten. Aber es ist merkwürdig, wie lange ein sozusagen vereisendes, von Erstarrung bedrohtes Poem noch Reaktionen zeigt, wie hartnäckig die Reflexe kommen und mit den Reflexen jenes Leben, um das es durch die Person des Autors und durch sich selber gebracht zu werden drohte.

Noch besser läßt sich das an einem zweiten Gedicht dieser E-Serie Ernst Jandls »messen«. Denn man scheint die Verhaltensweise des vorliegenden Textes buchstäblich »ermessen« zu können:

jetzt kennt peter den berg

»peter preßte den weg eng gegen den berg
der nebel preßte den berg eben
peter bewegte schwere hebel
es regnete sehr
jedes begegnen endete
der weg setzte rechen entgegen
peter stemmte meter gegen meter
jedes heben drehte peter gegen felsen
strenge ecken setzten messer entgegen
er steckte fest
er wetterte gegen den nebel

er stellte leere erde fest
er entdeckte den schrecken
er schmeckte jede strecke des endes
er ersehnte gelbe bettdecken
entlegene sessel neckten peter
der nebel des endes senkte den schweren hebel
peter scheffelte gesehenes
der endende nebel preßte den weg gegen den berg
peter begegnete dem betretenen weg
er lehnte den schrecken gegen den felsen«

Bei diesem Kunstgriff zur Verhinderung des Schweigens ist ein winziges verbales Abenteuer in Gang gesetzt. Was sich daraus ergibt, ist kurios genug. Um bei den hier eingeführten Begriffs-Vergleichungen zu bleiben: Die Steuerungsautomatik des Gedichts durch seinen Autor hat sich gleichsam verklemmt. Der im Text »eingerastete« Vokal E bestimmt auf mehrfache Weise den Gedicht-Körper, der nicht leben und nicht sterben kann. Er erreicht eine echohafte, halluzinatorische Singsang-Monotonie, etwas Läppisches, Einfältiges, etwas einem melodischen Unsinn Verwandtes. Dabei wird auf eine quälende Weise »Inhalt« in das Gedicht zurückgepreßt. Plötzlich »passiert« geradezu wieder etwas in ihm. Es kommt zur Szene, zur Handlung. Der im Nebel Berge steigende Peter – eine Erfindung, zu einem Viertel Arp, einem Viertel Morgenstern, einem Viertel Limerick, einem Viertel aus verschiedenen anderen lyrischen Nonsens-Bereichen entstammend – ist Parodie, Verballhornung, die sich frisch zurückgewonnener Inhalt gefallen lassen muß. Es ist ein Inhalt, den es im Grunde nicht geben darf. Da er aber doch zustande kommt, ist er nur in der Verhunzung mittels blühender Einfalt zugelassen. Dieses in doppelter Hinsicht »verstiegene« Gedicht ist charakteristisch für die krampfhaften Bemühungen, einen experimentellen poetischen Text vom Suizid zurückzuhalten. Das geschieht bei Jandl vergleichsweise vergnüglich, jeden-

falls mit leichter Hand (er scherzt, indem er beispielsweise in einem anderen Text die »Verscheuchung zweier Farben« vorführt. Es könnte ihm genausogut um die Verscheuchung zweier Vokale gehen!), während andere mühsamer dem Dilemma eines Schweigens zu entgehen trachten, mit dem sie sich schon zu lange eingelassen hatten.
Sinn- und Handlungs»spuren« – in zurückgepreßter Form und also unfreiwillig vorgenommen – kann man ebenso bei Mon, aber auch bei Helmut Heißenbüttel feststellen, wobei man sich hüten sollte, gleich eine Wiedereinführung noch so karger Sinnfälligkeit zu vermuten. Aber immerhin: der Vorgang ist verdächtig. Und auch bei ihm taucht – wenn auch in anderer, weit verschwiegenerer Art als bei Jandl – eine momentane, unwillkürliche und zugleich beabsichtigte, hochstilisierte Komik auf. Sie hat in *dem* Augenblick vom Hörer Besitz ergriffen, in dem er dem Sinn- und Handlungs-Skelett *mehr* Aufmerksamkeit schenkt, als ihm vermutlich gebührt.
Man nehme zur Erläuterung des Gesagten folgenden Text Heißenbüttels aus jüngster Zeit:

»1	Mann	auf	1	Bank	
1	Zwieback	in	1	Hand	
			1	Hand	
		in	1	Hand	und
1	Mann				und
1	Zwieback				und
				Hand	
		in		Hand	und
		auf	1	Bank	
1	Zwieback				und
	Krümel«				

Heißenbüttel hat anläßlich seiner Frankfurter Gastdozentur für Poetik im vergangenen Sommer das Stück mündlich kurz kommentiert. Er stellte bei dieser Gelegenheit – dem

Sinne nach – fest, daß er für seinen Text gewissermaßen eine Vorlage gehabt habe – ein Frankfurter Parkgelände. Dieser vielleicht ironisch, sicherlich distanziert gemeinte, lakonische Hinweis auf den »Erlebnis«kern des kleinen Poems deckt doch einen Befund auf, der einer Entdeckung gleichkommt. Er skizziert *experimentelle Idylle,* also etwas, das einander durchaus ausschließen sollte. Es handelt sich hier jedenfalls um eine, bis vor kurzem bei den Wortführern experimenteller Poesie nicht wahrgenommene Übereinkunft von bestimmter, oft – wie auch hier – typographisch unterstützter Verbal-Konstellation und auf ein Minimum reduzierter *Zuständlichkeit:* gleichsam ein Modell möglicher Wahrnehmungs- und Handlungsfähigkeit innerhalb des Gedichttextes! Ein Zwiebäcke auf einer Bank verzehrendes Paar, das Krümel hinterläßt: – das Skelett einer Mitteilung inmitten äußerster vokabulärer und struktureller Reduktion, die als Scherz, als Wahrnehmungs-Echo widerhallt! Wird *so* die Rückkehr aus dem Schweigen für das Gedicht – in dem das Wort allein als konkrete Materie Geltung hatte – vorbereitet?
Das Problematische der leicht komischen Wirkung, die vom Text ausgeht, beschäftigt den Hörer oder Leser. Wie schon angedeutet, spürt man, daß derartige Komik in die zweite Potenz erhoben wurde, daß sie vom Autor genau festgelegt erscheint und doch auch als zwangsläufig empfunden werden kann. Die im Text lauernde Lächerlichkeit ist Ausdruck für einen winzigen Befreiungsakt. Gedicht und Autor werden in ihm gelockert. Außerhalb des Vorgangs herrscht Schweigen und Leere, breitet sich die handtellergroße verbale Wüste des Gedicht-Experiments aus. Was hier im Text – als Andeutung – vorgeführt ist, könnte der Beginn einer Widersetzlichkeit des Autors gegen eine poetische Doktrin und ihre Folgen sein. Es ist sicherlich im Ergebnis ein Widerstand-Leisten gegen den Ruin einer mit soviel Scharfsinn, soviel Logik durchgeführten Strukturveränderung zeitgenössischer Lyrik. Der überaus rasche Abnut-

zungsprozeß einer poetischen Methodik wird auf diese Weise zu bremsen versucht. Ein Salto wird unter Kontrolle gebracht. Denn auch der Autor des experimentellen Gedichtes weiß: das Schweigen, auf das so viel in seinen Produktionen angelegt ist, darf *nicht* stattfinden!
Paul Celans Dichtung – wie bereits anfangs erwähnt – ist in ihrer Entwicklung immer wieder musterhaft für eine Auseinandersetzung mit den Schwierigkeiten gewesen, die dem lyrischen Abstraktionsprozeß erwuchsen. In den Gedichten der *Niemandsrose,* Gedichten, die im letzten halben Jahrzehnt entstanden sind, wird solche Auseinandersetzung mit Entschiedenheit weitergeführt, ohne daß ein Ende abzusehen wäre. Bei einer derartigen Erregungs-Höhe, der zugleich intellektuellen und sensitiven Reaktionsschnelligkeit des Celanschen Gedichts auf mögliche Gefahren, kann von einem Ende ohnehin nicht die Rede sein. Celans Sprache befindet sich in der stets gleichen Lage. Sie ist in der *Niemandsrose* aufs neue in zwei Zeilen wie den folgenden bekundet:

»Sprache, Sprache. Mit-Stern, Neben-Erde.
Ärmer. Offen. Heimatlich.«

Diese »Offenheit«, diese erregte Bereitschaft der Sprache bei Celan, verbietet nicht nur das so oft und hartnäckig von ihm apostrophierte »Enden« des Gedichts. Sie findet aus ihrer Substanz heraus – das heißt gerade bei Paul Celan, von ihrem Auftrags-Charakter her, der von Anfang an erkennbar ist – die ihr eigene *Umkehr* vor dem Schweigen in der *Rückkehr* zu scheuester Cantabilität. Die Sangbarkeit der frühen Gedichte Celans mag einen Anknüpfungspunkt ergeben haben. Aber das, was nun, Jahre danach, liedhaft wirkt, hat eben jenen Weg auf das Verstummen zu *hinter* sich, von dem man verändert zurückkommt. Insofern gibt es keinen Vergleich und keine Verwechslung mit Arbeiten, die vor *Mohn und Gedächtnis* liegen und zum Teil auch noch dort aufzufinden sind. Es bleibt die Erfahrung, die das Gedicht ... *rauscht der Brunnen* im letzten Versband ausspricht:

»Ihr gebet-, ihr lästerungs-, ihr
gebetscharfen Messer
meines
Schweigens.

Ihr meine mit mir ver-
krüppelnden Worte, ihr
meine geraden.«

Und wenn es im gleichen Gedicht – nach derartiger, der Konfession benachbarter Mitteilung – heißen kann

»Wir werden das Kinderlied singen, das,
hörst du, das
mit den Men, mit den Schen, mit den Menschen,
ja das mit dem Gestrüpp und mit
dem Augenpaar, das dort bereitlag als
Träne-und-
Träne.«

so wird man sich solch ein Lied schwerlich *vor* der Erfahrung des Schweigens vorstellen können, die wie ein Sog in der Celanschen Dichtung und in den Gedichten derer, die von ihm lernten, ohne ihn zu erreichen, zu spüren ist.
Das »Kannitverstan«, das man am Ende des Gedichts *Kermorvan* findet, ist – ein für allemal – die Sprache des Verstummens und des auf dieses Verstummen Zu-Schweigens, die Celan so unvergleichbar beherrschte, die *ihn* so beispiellos beherrschte. – Aber es gibt jenes liedhafte Aufatmen in neuen Celan-Gedichten, jene süße und mandelstamm-dunkle Rückkehr-Melodie (Celan hat die *Niemandsrose* dem Andenken Ossip Mandelstamms gewidmet), die die folgenden vier Zeilen meinen:

»Ein Spruch spricht – zu wem? Zu sich selber:
Servir Dieu est régner, – ich kann
ihn lesen, ich kann, es wird heller,
fort aus Kannitverstan.«

Dieses Hellerwerden, die von Celan empfundene Erleichterung, hat freilich nichts mit einer verbalen Liquidität zu tun, für die seine Sprache auch jetzt nirgends geschaffen scheint. Aber durch jenes Erschrecken vor der Wortlosigkeit, jenem registrierten Schauder vor dem, was einst sein Gedicht *Nächtlich geschürzt* von den toten Worten gewußt hatte:

»Ein Wort – du weißt:
eine Leiche«

ermöglichte ihm offenbar eine Reihe neuer Gedichte, die dem zitierten »es wird heller« entsprechen. In ihnen haben sich in der Tat die Schatten gelichtet. Nie vorher hat es bei diesem Lyriker eine Schlichtheit gegeben, wie sie von den drei Strophen eines Poems ausgeht, das sich *Eis, Eden* nennt:

»Es ist ein Land Verloren
da wächst ein Mond im Ried,
und das mit uns erfroren,
es glüht umher und sieht.

Es sieht, denn es hat Augen,
die helle Erden sind.
Die Nacht, die Nacht, die Laugen.
Es sieht, das Augenkind.

Es sieht, es sieht, wir sehen,
ich sehe dich, du siehst.
Das Eis wird auferstehen,
eh sich die Stunde schließt.«

Der Text – so scheint es – realisiert Celans »Wir werden das Kinderlied singen«, das Lied, das ihm unter den Händen zum Menschenlied wird. Aber man überhört leicht, indem man sich dem Einfalts- und Märchenton hingibt, der dieses Gedicht trägt, die Pression, die es zusammenhält. Der Jubel, der hier angestimmt wird, Jubel der Wahrnehmung, Jubel der Augen, mit denen das »Augenkind« Gedicht so etwas wie ein verheißenes Land sieht, hat etwas Herzzerreißendes, auch etwas insgeheim Schrilles. Die Tonlage liegt etwas zu hoch. Die gepriesenen Augen sind einer Blendung durch ein Licht ausgesetzt, das zu stark für sie ist. Die erreichte verbale Schlichtheit der Aussage hat etwas Erdrückendes. Die Wahrnehmung – das neue Sehen – ist im Grunde ganz unsinnlich. Sie hat halluzinativen Charakter, ist ein Vorgang vollkommener Imagination, Wahrnehmung, wie sie Visionen kennen. Weiterhin wird damit aus einem Raum heraus gesprochen, der für Celans Lyrik kennzeichnend ist. Er hat ihn selber am besten in seiner Rede anläßlich der Verleihung des Georg-Büchner-Preises mit den Worten umschrieben: »Das Gedicht heute behauptet sich am Rande seiner selbst. Es ruft und holt sich, um bestehen zu können, unausgesetzt aus einem Schon-nicht-mehr in sein Immer-noch zurück. Das Gedicht ist einsam. Es ist einsam und unterwegs.«
Randexistenz des Gedichts bei ihm und Rückkehrbewegung vom Schweigen fort sind damit gleichzeitig beschrieben, wie die Pression, der starke Druck erklärlich wird, der zu einem derart angestrengten Vorgang gehört, in dem – von Mal zu Mal – das Gedicht, auch das Gedicht märchenhafter Einfachheit, zustande kommt. Das auf diese Weise halluzinativ ermöglichte Leben des Gedichts bleibt *außerhalb* des Bereichs echter Sinneswahrnehmung. Das »neue Sehen« ist blind für eine Optik, wie sie die Netzhaut liefert. Und schließlich – man erinnere sich! – ist das »Eden« des zitierten Gedichts von Celan bereits in der ersten Zeile der ersten Strophe als das »Land Verloren« gekennzeichnet,

also als das vollkommen imaginierte, das verwunschene Land. Immer gibt es bei Paul Celan Landschaften und Orte, die es »nicht gibt«. Auch wenn er sie bei Namen nennt und »Bretagne« oder »Paris« schreibt.
Das einsame Gedicht des Paul Celan, das sich so weit vorwagte in Richtung auf eine eisige oder heiße Grenze des Verstummens zu, ist auch auf seiner melodiösesten Umkehr allein gelassen mit den Erfindungen seines Sprachgeistes. Der Reim, wieder auftauchend und unter Umständen geselliges, verbindliches Gedicht-Element, durchbricht genausowenig wie anderes die Einsamkeit der Celanschen Sensibilität. Er läßt sie eher um so erschreckender hervortreten, wie etwa im Gedicht

Selbdritt, Selbviert

»Krauseminze, Minze, krause,
vor dem Haus hier, vor dem Hause.

Diese Stunde, deine Stunde,
ihr Gespräch mit meinem Munde.

Mit dem Mund, mit seinem Schweigen,
mit den Worten, die sich weigern.

Mit den Weiten, mit den Engen,
mit den nahen Untergängen.

Mit mir einem, mit uns dreien,
halb gebunden, halb im Freien.

Krauseminze, Minze, krause,
vor dem Haus hier, vor dem Hause.«

Aber wieviel Isolation auch immer in der neuen Celanschen Einfachheit fortwirkt: ein Dilemma ist in ihr nicht nur bei Namen genannt, sondern auch verbal zu überwinden versucht. Die Verwischungs-Tendenzen eines sich zunehmend abstrahierenden Gedichts sind durch – allerdings hochempfindliche und anfällig – poetische Einfalt gebannt, so wenig »gegenständlich« die Gegenstände, die Stoffe auch anmuten, so wenig Gebrauch von einer Sinnfälligkeit gemacht wird, die sich der Sinnentleerung im zeitgenössischen deutschen Gedicht entschieden widersetzt.

Autoren wie Heißenbüttel und Celan haben Entwicklungen zu bewältigen, sich mit ihnen von Text zu Text auseinanderzusetzen, und wenn auch in das, was sie schreiben, verändernde Elemente eindringen, so bleiben sie doch dem Ablauf solcher Entwicklung weiterhin unterworfen. Das »erschwiegene« Wort Celans wirft seinen Schatten auf das, was sich vom Schweigen abwendet, und wenn es in der Simplizität eines assonanten Zweizeilers, wie im Gedicht-Zitat, auftritt:

> »Mit dem Mund, mit seinem Schweigen,
> mit den Worten, die sich weigern.«

Anderen haben sich die Worte nicht verweigert, und sie benötigten folglich keine Retiraden von einem Schweigen, das sie nicht betraf. Selbst Celan hat in der genannten Büchner-Preis-Rede anerkennen müssen: »Das Gedicht will zu einem anderen, es braucht dieses andere, es braucht ein Gegenüber. Es sucht es auf, es spricht sich ihm zu. Das Gedicht wird – unter welchen Bedingungen! – zum Gedicht eines – immer noch – Wahrnehmenden, dem Erscheinenden Zugewandten, dieses Erscheinende Befragenden und Ansprechenden. Es wird Gespräch – oft ist es ein verzweifeltes Gespräch.«

Solche Feststellungen sind vielsagend genug. Sie dokumentieren das Ende eines Gedichts, das den Kontakt aufgegeben hatte. Und sie dokumentieren das Ende einer entsprechenden Autorschaft, die dazu geführt hatte, daß sie

vom autonomisierten Gedichttext nicht mehr oder kaum noch benötigt wurde. Das »einsame« Gedicht Celans war auch in seinem isoliertesten Augenblick nie vom Hochmut einer derartigen Kontaktlosigkeit befallen worden, so labil sein Verhältnis zu seinem Dichter auch war.
Das Gedicht als »Gedicht eines immer noch Wahrnehmenden, dem Erscheinenden Zugewandten«, wie Celan es ausdrückt, ist die kürzeste Beschreibung der neuen Lage, die sich abzuzeichnen beginnt. Sie präzisiert die Situation – wenn auch in Celanscher Manier – eines Wiederwahrnehmens nach dem Verlust der letzten Wahrnehmungsfähigkeit in der sogenannten »konkreten Poesie«. Freilich wird das Gedicht in Zukunft kaum je wieder in die Nähe einer impressionistischen Wahrnehmungs-Maschine gelangen. Celan selber geht zunächst nicht weiter, als ihm das »Erscheinende« wieder zu eröffnen, von dem es sich auch bei ihm auf gefährliche Weise abgewandt hatte. Das Erscheinende in der Celanschen Sprechweise ist jedoch nur sehr bedingt sinnfällig. Es haften ihm vielmehr noch Merkmale einer Über-sinnlichkeit an. Es hat ebensogut seraphischen Charakter, jenen merklich »überhöhten«, spirituellen Zug, der bloße Sinneswahrnehmung hinter sich läßt. Doch ist kaum zu erwarten, daß die Formulierung für Celan Übergangswert besitzt. Über den Raum dieser »Erscheinungen« mit ihrem inneren Gesichtskreis wird seine Lyrik nicht hinausgelangen, ohne sich zu zersetzen. Die reine sinnliche Wahrnehmungsfähigkeit wird weiterhin im Celanschen Gedicht so wenig zugelassen sein wie vorher. Celan, der sich einmal besorgt über das »Herumexperimentieren mit dem sogenannten Wortmaterial an jeder lyrischen Straßenecke« geäußert hat, der in diesem Zusammenhang Gedichte »Geschenke an die Aufmerksamen« nannte, bleibt mit seiner Verskunst auch insofern ein Sonderfall, als sie sich jeder augenfälligen, aufdringlichen Bewegung entzieht, von der die Lyrik dieser Jahre ergriffen ist, der sie nachgegeben hat. Sie zieht die unmerkliche Un-

ruhe, jenes einem leichten Beben vergleichbare Sich-Verändern vor, wie es in Texten der *Niemandsrose* zu beobachten ist. Sie bleibt einer Wirklichkeit fern, die manchen Jüngeren selbstverständlicher dünkt als sie es – nach dem, was dem Gedicht an Reduzierung dieser Wirklichkeit zugemutet wurde – heute sein kann.
Das gilt nicht nur für jüngere Autoren! Günter Eich hat in einer der spärlichen Äußerungen, die wir von ihm über das Tun des Lyrikers besitzen, vor Jahren lakonisch festgestellt: »Ich schreibe Gedichte, um mich in der Wirklichkeit zu orientieren. Ich betrachte sie als trigonometrische Punkte oder als Bojen, die in einer unbekannten Fläche den Kurs markieren. Erst durch das Schreiben erlangen für mich die Dinge Wirklichkeit. Sie ist nicht meine Voraussetzung, sondern mein Ziel. Ich muß sie erst herstellen.«
Die Gelegenheit ist ihm im Gedicht gegeben, und von dieser notwendigen Gedicht-Gelegenheit, vom Gebrauchsgedicht als einem »Gelegenheitsgedicht«, hat ebenso Günter Grass seine Vorstellungen vom Gedicht genommen. – Eichs »Wirklichkeit« ist gleichfalls keine sich im Gedicht einstellende grobe Sinnfälligkeit oder gar Sinnesfülle. Aber er neigt weitaus weniger als Celan zu einer Spiritualisierung, wenn er auch in seiner Lyrik die Dinglichkeit der Erscheinungswelt zu durchdringen versucht. Typisch für ihn bleibt die Feststellung: »Ich bin über das Dingwort noch nicht hinaus. Ich befinde mich in der Lage eines Kindes, das Baum, Mond, Berg sagt und sich so orientiert.«
Eich hat sich Zeit seines Lebens über eine lakonische Verkürzung der poetischen Mitteilung im Gedicht nicht hinausbegeben. Es gab für ihn nicht die Schattengefechte einer wirklichkeitsflüchtigen Lyrik. Er hat ausgespart, und dieses Aussparen im Gedicht gleichsam zu den Akten gegeben. Er registrierte in ihm solche Zurücknahme der Erscheinungsfülle und konzentrierte sich auf den Punkt, auf den Wirklichkeitsmoment, auf den Wahrnehmungs-Ausschnitt. Solche Sparsamkeit – eine Sache der poetischen Geduld

– hat bewirkt, daß man ihn heute ganz selbstverständlich zu den Autoren einer neuen Wahrnehmungsfähigkeit zählen kann, wie weit er ihnen auch an Jahren und Erfahrungen voraus ist. Seine Dichtung hält sich gewissermaßen in Rufweite eines rückläufigen, dabei oft ironisch-verqueren, spielerisch-verdrehten Wahrnehmungsvermögens auf, hinter dem von Klaus Wagenbach etwas vorschnell eine Art »wertneutraler Neobukolik« vermutet worden ist. Eichs Arbeiten weisen, noch in letzter Zeit, jene ökonomisch verwendete, sinnliche Einprägsamkeit auf, die in Beziehung zu einer neuen Poesie des Sehens, Hörens, Schmeckens, Ertastens tritt. Man sehe sich daraufhin folgendes, dem Verleger Viktor Otto Stomps gewidmete Gedicht an:

Spittelmarkt

»Nicht an Küsse erinnert,
aber an Tuchhandlungen,
an Gewebe aus Cottbus,
blau für den Abend.
Wenig Verse fahren die Spree hinab.

Hier muß Stomps wohnen
zwischen den Zeilen.
Die Jahre verwechseln mich,
das rote Salz auf den Schienen
war das, was ich mitnahm.

Wie haltbar der blaue Anzug ist!
Seine Fürsprecher ruhen aus,
schräg in der Haltung wie der Fahrer,
der die Kurve zu schnell nahm,
ruhen aus, ruhen aus.«

Dieses Stück ironischen Erinnerns verbindet Segmente halb verwunderter, halb belustigter Wahrnehmung von einst, die in eine blitzschnelle Beziehung zueinander treten. Farbe und Stofflichkeit ergeben – gerade durch die Zurückhaltung, in der sie im Gedicht auftreten – eine behutsame Augenfälligkeit, die empfindlich genug wahrgenommen ist, um jederzeit ihre Transponierung in einen Bereich jenseits des sinnlich Erfahrbaren eintreten lassen zu können. Das gilt in gleichem Maße für folgendes Gedicht:

Verlassene Staffelei

»Es fehlt an Farben.
Die Geheimnisse
immer wieder in Grün übersetzt,
Austausch von Wiesen und Wissen,
Reisiggefühle,
lichtloses Madenweiß.

Schattierungen, Ausflüchte
für graue Ordnungen.
Der Glaube gehört dem Regenbogen.

Morgen wird sichtbar,
was jenseits von Violett ist.
Die Furcht unserer Herzen
ist die Furcht der Leinwand.

Die Abschiede
nicht mehr zu verkleinern:
Wer sieht, sieht nicht wieder.«

Auch hier findet man den ständigen, vorsichtigen Übergang von Wahrnehmung, von Licht, Farbe, Sichtbarkeit in einen weiteren Zusammenhang des Vermuteten, Erahnten: ein Vorgang, der erst die Tiefe und die Resonanz der Wirklichkeit herstellt, die Eichs Äußerung meinte. – Eichs ökonomische Einrichtung dessen, was für ihn im Gedicht vernehmlich ist, hat es verhindert, daß seine Lyrik dingflüchtig wurde und in das Magnetfeld einer lyrischen Abstraktion geriet, dem sich Celan durch melodiöse Schlichtheit – möglicherweise vergebens – zu entziehen sucht. Da Günter Eich von jeher von der Brüchigkeit der Wahrnehmungswelt überzeugt war und diesen Zustand oft zur Darstellung gebracht hat, brauchte er ihr niemals *mehr* in seinen Arbeiten zuzugestehen, als unbedingt zur Verhinderung der Verflüchtigung des Wahrnehmungs-Vorganges nötig war. Diese für Eich eigentümliche Solidität in seinem Verhältnis zur poetischen Sinnenhaftigkeit schützte ihn vor einer Zuflucht beim sinn-reduzierten Text.

Diese – man ist versucht zu sagen – literarische Gesundheit und sensitive Sicherheit hat auch Günter Grass als Lyriker von seinen Anfängen her gehabt. *Die Vorzüge der Windhühner* machten das noch nicht so deutlich wie der zweite Band *Gleisdreieck*. Noch in den spielerisch verkleideten Lineaturen der frühen Gedichte hat Grass jene Konsistenz – eine leichte, bewegliche Dinglichkeit – aufzuweisen, die ihn unanfällig gegenüber jeder konsequent betriebenen Ungegenständlichkeit machte. Er trieb – könnte man meinen – mit einer leicht verwackelten Dingfestigkeit seine Scherze. Die Arpsche Liquidität der Verse aus den *Vorzügen der Windhühner*, eine gewisse, heitere Redseligkeit, in die sie schlüpften und die sie gut kleidete, half ihnen dabei, Wahrnehmbares im Gedicht zu belassen, mochte es sich noch so hanebüchen zeigen, auch im Un-sinn, in der Arabeske, in der luftigen Paraphrasierung des Sinnfälligen, das sich bei ihm genausowenig wie bei Eich breitmachte. Grass wies ihm in dem, was er schrieb, den gehörigen Platz an, jenen Ort, an dem die Gegenstände – selbst wenn sie auf den Kopf gestellt zu sein scheinen – Gegenstände bleiben.

Sehr charakteristisch für solch ein Vorgehen ist das Gedicht *Diana oder die Gegenstände* aus dem *Gleisdreieck:*

»Wenn sie mit rechter Hand
über die rechte Schulter in ihren Köcher greift,
stellt sie das linke Bein vor.

Als sie mich traf,
traf ihr Gegenstand meine Seele,
die ihr wie ein Gegenstand ist.

Zumeist sind es ruhende Gegenstände,
an denen sich montags
mein Knie aufschlägt.

Sie aber, mit ihrem Jagdschein,
läßt sich nur laufend
und zwischen Hunden fotografieren.

Wenn sie ja sagt und trifft,
trifft sie die Gegenstände der Natur
aber auch ausgestopfte.

Immer lehnte ich ab,
von einer schattenlosen Idee
meinen schattenwerfenden Körper verletzen zu lassen.

Doch du, Diana,
mit deinem Bogen
bist mir gegenständlich und haftbar.«

Das Gedicht hat beinahe programmatischen Charakter, wenn die Vorstellung vom Programmatischen für einen Text wie diesen noch statthaft ist, der zu jenen Gedichten zählt, die Peter Rühmkorf meint, wenn er sie »gefeit durch Ungläubigkeit« nennt, und sie als »Gedicht in Parenthese, Parodie: Reinfall des Widerspruchs: Vorüberlied und Dennochlied in einem« bezeichnete.
Das Gedicht – nach der Rückkehr aus dem Schweigen,

zu dem es sich selber und zu dem es die Poeten verurteilten – ist weitgehend ein derartiges »Vorüberlied« und »Dennochlied«. Das kann sich auf verschiedene Weise bekunden: vom ironischen Schnörkel, von der poetischen Scheu, der verbissenen Zurückhaltung, vom lakonisch-distanzierten und sparsamen Handhaben des Wahrnehmbaren bis zu einem märchenhaften Un-sinn, dessen sinnhafte Herkunft stets erkennbar bleibt.

Grass' Abneigung, seinen »schattenwerfenden Körper« von einer »schattenlosen Idee« verletzen zu lassen, gibt in poetischer Verkürzung Auskunft über die Intention des Lyrikers, der sein Gedicht der Wahrnehmung, den Gegenständen, der Stofflichkeit wieder aussetzt, und sei es parodistisch, in Parenthese, in der ironischen Umständlichkeit der Beobachtung einer Göttin, die es nicht mehr gibt und für den Autor eigentlich nie anders als im Klischee gegeben hat, in der belustigten Übernahme des Sinnfälligen, vor dem man sich im Grunde hütet oder vor dem man doch mißtrauisch bleibt.

Die »Gegenstände der Natur« werden unter solchen Umständen für den Poeten zu Trophäen in einer Sammlung von Merkwürdigkeiten. Gegenständlichkeit – im »Dennochlied« wieder zugelassen, ja, erwünscht – muß damit rechnen, ins Raritätenkabinett versetzt zu werden, was ihre Rückkehr und ihre Anwesenheit nicht widerlegt, sondern im Zusammenhang mit der Verzichtserklärung zu verstehen ist, die vorausgegangen war und die im sich abstrahierenden literarischen Text offenkundig wurde.

Günter Grass hat in einer sarkastischen Anmerkung zum Geschäft des Poeten bemerkt, daß dieser »hellwach seiner Phantasie gegenüber« sitze. Sein kleiner Kommentar, der einer freundlichen Katzbalgerei gleicht, nimmt sich einer Phantasie an, die gleichsam zur Sache zu kommen habe, wie sehr er auch – in sanfter Übertreibung – die »unentwegt wuchernde Phantasie« des Poeten anzupreisen versteht. Was hier in halb ungläubiger Feststellung gesagt ist,

wirft doch ein Licht auf die Eigenart nicht nur der Grassschen Lyrik. Das Gedicht einer wiedergewonnenen Wahrnehmungsfähigkeit – auch bei Autoren wie Günter Bruno Fuchs, bei Uve Schmidt und anderen – läßt allgemein die dichterische Imagination »zur Sache« kommen, zu einer Sache freilich, die oft aus leichtestem Stoff, aus Märchen- und Fabelstoff, aus Nonsens-»Wirklichkeit« ist.
Hellwach seiner Phantasie gegenüber –: Grass ist es in der reizbaren, von der Phantasie ermutigten Gegenständlichkeit, die sein Wahrnehmungsvermögen auszeichnet. Beinahe beliebig kann man bei ihm Gedichte herausgreifen, auf die das zutrifft. So auf das folgende:

Kirschen

»Wenn die Liebe auf Stelzen
über die Kieswege stochert
und in die Bäume reicht,
möchte auch ich gerne Kirschen
in Kirschen als Kirschen erkennen.

Nicht mehr mit Armen zu kurz,
mit Leitern, denen es immer
an einer Sprosse mangelt,
von Fallobst leben, Kompott.

Süß und süßer, fast schwarz;
Amseln träumen so rot –
wer küßt hier wen,
wenn die Liebe
auf Stelzen in Bäume reicht.«

Die luftigen poetischen Wünsche, die hier ausgesprochen werden, unter Zuhilfenahme einer behenden Poesie,

Wünsche, die sich um einen geheimen, melancholischen Kern angesammelt haben, bekommen einen kecken, spielerisch-sachlichen Zuschnitt und werden hierdurch für Grass überhaupt erst aussprechbar. Das graziöse Phantasieren über die Kirschen, die zu hoch wachsen und die man doch als »Kirschen in Kirschen« gern erkennen möchte, deren man in ihrer schwarzen Süße habhaft werden möchte, ohne sich weiter mit dem begnügen zu müssen, was des Autors erfahrener Übermut und Unmut als »Fallobst, Kompott« bezeichnet, dabei das ganze Wünschen in den amourösen Bereich hinüberspielend, auf den es von vornherein angelegt war: – dieses bewegliche Balancieren mit dem Wahrnehmen und dem Wähnen gibt ein gutes Modell für die Möglichkeiten eines wieder wahrnehmungsfähig, wahrnehmungskräftig gewordenen Gedichts.

Die »zu einer Sache kommende« Phantasie hat Grass eines seiner melodiösesten, sinnenhaft ausgeprägtesten Gedichte schreiben lassen: ein Huldigungs- und »Bildnis«-Gedicht. Die Huldigung gilt Edgar Allan Poe. Das Gedicht nennt sich

Annabel Lee

»Pflückte beim Kirschenpflücken
Annabel Lee.
Wollte nach Fallobst mich bücken,
lag, vom Vieh schon berochen,
im Klee lag, von Wespen zerstochen,
mürbe Annabel Lee.
Wollte doch vormals und nie
strecken und beugen das Knie,
Kirschen nicht pflücken,
nie mehr mich bücken
nach Fallobst und Annabel Lee.
Schlug auf beim Bücheraufschlagen,
Annabel Lee.

Öffnete Hähnen den Magen,
lag zwischen Körnern und Glas,
ein Bildnis lag, das war sie,
halbverdaut Annabel Lee.
Wollte doch vormals und nie
sezieren Bücher und Vieh,
Buch nicht aufschlagen,
Magen nicht fragen
nach Bildnis und Annabel Lee.«

Bild als Inbild, Wahrnehmung als Gleichnis: altmodische Funktionen des Gedichts, tauchen hier erfrischt wieder auf, gesättigt durch Anschauung, die der Autor zugleich respektvoll und leichtmütig für seine Zwecke verwendet, um hinter das Anschaubare zu gelangen. Das Gegenständliche wird nicht mehr tabuiert. Es hat seinen Schrecken verloren. Man bedient sich seiner im nachdenklichen – und hier verehrungsvollen – Spiel der Phantasie.
Die Gedichte von Günter Bruno Fuchs haben zwar meist eine planere Beziehung zur Wahrnehmung ins Gedicht übernommen. Sie sind derber, clownsmäßiger. Sie spaßen gern. Aber ihr gegenständlicher Zuschnitt wird nur durch Ingredienzen gewährleistet, die der Stofflichkeit, den Gegenständen Widerstand leisten, die sie verhindern oder – wenn sie schon als vorhanden anzusehen sind – wieder aufheben möchten. Aus der sich hieraus ergebenden Spannung entstehen gebrauchstextähnliche Gedichte skurriler Art, lyrische Kuriosa, manchmal handfest, manchmal federleicht. Oft trifft man das Handfeste und das Unfeste im gleichen Gedicht an. Was entsteht, ist die wunderliche Wirklichkeit eines von den Streichen seines Wahrnehmungsvermögens Berauschten, der doch den kühlen Kopf behält, um sie aufzuschreiben. Jeder Text ist eigentlich nichts als ein Steckbrief für solche Verfassung:

Steckbrief

»Der Fensterputzer
lehnt seine Leiter an den verstaubten Himmel.
Der Herbst öffnet die Synagoge –
die Stürme singen den Thoratext.

Rauchzeichen bei Tag.

Die Bäume sind alte Rabbiner,
sie zünden die Leuchter an.

Feuerzeichen bei Nacht.

Die Ketten
sind um den Schlafbaum der Krähen gelegt.
Das Gebell der Hunde sagt deine Träume voraus.
Die Windmühle des Kindes
spricht das Urteil über die Welt.«

Gewiß, das sind Zeilen, die nach den Worten von Günter Bruno Fuchs »intakt genug« sind, um »zwischen den herrschenden Ideologien ihr eigenes Dasein behaupten zu können«. Diese »Wertfreiheit«, die tatsächlich auffällig ist, stellt sich allerdings doch unfreiwillig ein. Sie ist – das gilt auch für Gedichte von Grass – ein Zwang, der bei der Beschäftigung des Lyrikers mit der Rückführung des Gedichts aus der sinn-freien Verbalität des Experiments, beziehungsweise bei der Bewahrung seines Textes vor dieser Sinn-Entleerung auftritt. Mit derartiger »Neutralität« reagiert das Gedicht auf jedes Festgelegtsein um sich her: auf das artistische wie auf das ideologische. Es scheint, als wenn die Gegen-Reaktion vor allem der artistischen Methodologie experimenteller Lyrik gelte, eine unwillkürliche Reaktion, eine Abwehr-Bewegung, vom Lyriker vermutlich eben nicht bewußt ausgeführt. – Was entsteht, sind Texte von skurriler Schwerelosigkeit:

Katzenmarkt. Paris 1957

»Diese
kleine Katze geht auf ihren Vorderfüßen
diese
graue Katze sagt nicht nur um Mitternacht Miau
diese
schwarze Katze flirtet mit der weißen Milch
diese
stille gelbe Katze hört nur auf den Namen Echnaton
diese
schöne große Katze läßt die Vögel gute Leute sein.«

oder – weniger indifferent und wertneutral – in der Diktion maliziöser, absichtsvoller, dabei umriß-karg (die Wahrnehmungen werden sozusagen nur »angerissen«) bei Gedichten des jungen Uve Schmidt, etwa seinem Poem *Rascher Fische Lied:*

»Ich lieb eine
drunt an der Lobau
schlaf ich mich aus
im roten Rauschen ihrer
Sommerblumenröcke
steht sie stramm im Fleisch
back ich aus Sand und Muschel
mir ein einziges Erröten.
Wenn rascher Fische Lied
von ihren Siebensachen singt
im bräunlichen Akazienarm
kauf zitternd ich den Negerkuß
für sie und süßer Brüste Nutz.«

Man hat hier ein gutes Beispiel für die Beschaffenheit dessen, was Rühmkorf unter einem Dennoch-Gedicht versteht, abgesehen davon, daß der schnöde Ton, den Uve Schmidt in seinem Gedichttext anschlägt, seine Herkunft von Rühmkorfs bänkelsängerisch-aggressiver Diktion, seinem Witz, seiner kühlen Gescheitheit nicht leugnet. Die Beiläufigkeit des Sprechens entspricht dem »Gedicht in Parenthese«. Solche schnoddrige Zurücknahme jeglichen »Anspruchs« aus dem entstandenen Gedicht ist offenbar das, was manchen jungen Lyrikern noch als einzig zulässig erscheint. Auf diese Weise wird mitunter *mehr* erreicht, als zu vermuten war: das Wahrnehmungsvermögen des Autors, das sich nie lange bei der Sache, bei den Gegenständen, bei seinen Stoffen aufhält, das sie – wie gesagt – lediglich »anreißt«, sie probiert, ist gerade durch seinen provisorischen Charakter geschärft und trägt zur Konsistenz des Ganzen bei. Die im raschen, mißtrauischen Zugriff gewonnene Sinnfälligkeit erzielt eine haltbare Gedicht-»Wirklichkeit«, die nicht mehr durch verbale Experimente zerfasert.

Die wiedergewonnene Wahrnehmung im Gedicht, der wiedergewonnene Sinn, Wort-sinn nach einer totalen Entsinnlichung des poetischen Textes, zeichnet sich in der Lyrik unserer Tage deutlich ab. Das mehr und mehr verstummende Gedicht kommt auf diese Art wieder zu Stimme. Es artikuliert vorsichtig, mißtrauisch, auf Widerruf. Es ist ohne Parolen. Es nähert sich einer neuen Sinnfälligkeit sicherlich ohne Naivität, denn der Sinn, den Sinneswahrnehmung im Gedicht ergibt, ist durch die zeitgenössische Lyrik zuvor so radikal in Frage gestellt worden, daß von nun an Fraglosigkeit nicht mehr möglich ist. Aber der Ansatz zur Überwindung der selbstmörderischen Lage, in der sich Poem und Poet befinden, ist jedenfalls gefunden. Das Leben des Gedichts geht weiter.

(1963)

Intellektuelle Heiterkeit

Rede zur Verleihung des Georg-Büchner-Preises

Voraus meinen Dank für die Ehre, die Auszeichnung, mit einem Preise bedacht worden zu sein, der so weithin angesehen ist und mit dem im Laufe der Jahre eine Anzahl der besten Namen unserer Literatur in Verbindung gebracht werden konnten. Dieser Dank gilt dem Lande Hessen, dem Magistrat der Stadt Darmstadt, zu deren Bürgern ich mich seit kurzem zählen darf, und er gilt der Deutschen Akademie für Sprache und Dichtung. Es wurde üblich und liegt nahe, sich in der Stunde der Verleihung des Georg-Büchner-Preises mit der Erscheinung, dem Andenken dessen für ein kleines auseinanderzusetzen, der dieser literarischen Dekoration nicht nur ihren Namen, sondern vor allem ihren Sinn, ihre Tendenz – wenn ich so sagen darf – gab, der Pate stand hier in einer Stadt, einem Lande, in dem er lebte, dessen Sohn er war.

Nun bin ich Lyriker und habe es nicht leicht, vom Gedicht als Genre her mich in Beziehung zu dem zu setzen, was uns von Georg Büchner überkam. Aber es scheint mir, daß es auch weniger darauf ankomme, sich auf etwas Bestimmtes im Werke des Dichters Büchner einzulassen, als vielmehr dem »Phänomen« sich zu nähern, wie es heute sichtbar ist. Ich möchte Ihnen darum nicht zu ausführlich von meinen persönlichen Erfahrungen mit der Dichtung dieses Mannes, nicht von meinen Büchner-Lektüren erzählen. Allerdings kann ich mich nicht entschließen, über den Eindruck zu schweigen, den mir *eine* Büchnersche Arbeit gemacht hat, ein Eindruck, der sich mir im Laufe der Zeit immer nachhaltiger verfeinerte. Ich meine *Leonce und Lena,* jenes Stück, das man – wenn man sich rasch verständigen möchte – ein Lustspiel zu nennen gewohnt geworden ist. Ich werde diesen Ausdruck vermeiden, weil er mir zu heikel, zu ungenau, zu wenig individuell zutreffend ist.

In *Leonce und Lena* nun fand ich etwas, was *mich* und meine poetischen Bemühungen genau betraf und dennoch mir das »Phänomen« Büchner als Ganzes ließ, es mir – in einer gewissen Zuspitzung sogar – bestätigte. Ich erriet in dieser Arbeit vielleicht am nachhaltigsten das, worauf es mir damals anzukommen schien und auch heute in meinen Ausführungen ankommt: ich erriet *Tendenz.* Ich erriet Beziehung jenseits vom Genre. Ein Kontakt war hergestellt. Hier war *mehr* als die Größe eines inzwischen klassisch gewordenen Autors einstiger Avantgarde. Es war auch *mehr* als ein Beispiel, das gegeben wurde, ein »Muster«, dem es nachzueifern galt. Es sprang etwas über, Anonymes, Zauber, Geheimnis, Berückung; denn in *Leonce und Lena* war gezaubert worden auf eine Weise, daß die Wirkstoffe weiterhin ins Blut gingen, direkt, auf der Stelle.

Was – werden Sie fragen und von mir wissen wollen – mag es sein, das jemanden, der in diesen Jahren Verse schreibt, zum Spiel um *Leonce und Lena* hinzieht? Ist das ein mehr oder minder privater Vorgang, eine Sache des Zufalls, oder sind da Spontaneitäten spürbar, die aus bestimmten Konstellationen zeitgenössischer Lyrik bei uns, aus bestimmten Bedürfnissen, Sehnsüchten, Hoffnungen solcher Lyrik herrühren? Was ist es mit *Leonce und Lena* in Hinblick auf eine gewisse Tendenz gegenwärtiger Lyrik? Darauf kann weniger präzis geantwortet werden als gefragt wurde. Doch kann man andeuten, kann man – in aller Vorsicht, in aller Zurückhaltung – Vermutungen aussprechen.

Einen Augenblick lang muß ich nochmals von *meiner* Beziehung zu jenem Büchnerschen Stück reden: es wurde mir in *dem* Moment wichtig, in dem ich mich von den Bedrückungen zu befreien, von jenem Cauchemar zu lösen versuchte, der als schwerer Schatten über den poetischen

Äußerungsversuchen der ersten Nachkriegsjahre lag, ein Schatten, in dem sich ein für allemal alle triste Erfahrung mit der deutschen Szene, alle an Leben und Existenz gehende Widerfahrung gesammelt, verdichtet zu haben schien. Ich wollte mich aus der Umklammerung der Erinnerung befreien, die ich an die Zeit zwischen meinem zwanzigsten und dreißigsten Lebensjahre hatte, damals kurz nach 1945. – Ich will nicht behaupten, daß *Leonce und Lena* das einzige war, was mir in solchem Zustande half. Es kam Verschiedenes zusammen, gewiß. Aber in dem Büchnerschen Stück fand ich etwas, was mich ermutigte und dadurch weiter brachte, ohne mich vergessen zu lassen, was war. In ihm ging es doch etwas *anders* zu, als der erste Blick vermuten ließ. Hier hatte sich Bitterkeit im Wort erleichtert, und das Wort hatte zu schweben begonnen, hatte etwas von der Schwerkraft abgegeben, die seine Bedeutung ihm zugemutet hatte, seit es ins Leben getreten war. Das Wort hatte sich gelockert. Es hatte Grazie. Es verband sich mit Luft und bewegte sich in diesem Element mit Selbstverständlichkeit und Anmut wie die Liebenden Chagalls. Und dennoch – wenn ichs weiter in einem Bilde formulieren darf – stand im Hintergrund die Muse der Einsamkeit, der Schwermut, der dichterischen Rebellion, der poetischen Aktion und wartete. Sie blieb da, wenn sie schon nicht beteiligt schien an einem offenkundig mutwilligen Spiel, an der höchst gelungenen, zärtlichen Veranstaltung der Büchnerschen Phantasie. Sie blieb unbeteiligt – bis sie ihren makabren Auftritt auf dem freien Platz vor dem Schlosse des Königs Peter hat, in dem der Schulmeister seinen Bauern die Lebehochs beibringt, die schlimmer in den Ohren gellen als Flüche und Verwünschungen.

In diesem Spiel um den Prinzen Leonce und die Prinzessin Lena war nichts vergessen worden, war – auf andere Weise – noch einmal *alles* da: Trauer, Resignation, Ingrimm und bittere, ironische Einsicht. Es war ein Klima, das sich in recht gegensätzlich anmutenden Äußerungen umschreibt

und etwa reicht von Leonces »Mensch, du bist nichts als ein schlechtes Wortspiel. Du hast weder Vater noch Mutter, sondern die fünf Vokale haben dich miteinander gezeugt« bis hin zur prinzlichen Bemerkung: »Die Nachtigall der Poesie schlägt den ganzen Tag über unserm Haupt, aber das Feinste geht zum Teufel, bis wir ihr die Federn ausreißen und in die Tinte oder die Farbe tauchen.« – Oder: »Ich habe noch eine gewisse Dosis Enthusiasmus zu verbrauchen; aber wenn ich alles recht warm gekocht habe, so brauche ich eine unendliche Zeit, um einen Löffel zu finden, mit dem ich das Gericht esse, und darüber steht es ab.«
Das traf genau. Das traf zu: auf manches in der *eigenen* Situation, auf vieles in der Situation des Gedichts in jenen Tagen nach der Stunde Null. Es ist zutreffend *geblieben.* Vor allem die »gewisse Dosis Enthusiasmus«, die bereit war, fand sich hier aufgefordert. Es war ein Wink. Man sollte ihm nachkommen. Auf das Zeichen reagieren, ehe es wieder verwischt war. – Inzwischen hat sich einiges im deutschen Gedicht der Jahrhundertmitte gewandelt. Es hat sich in der Tat vom Schock zu lösen vermocht. Die von der Realität überwältigte Vorstellungskraft hat sich bemüht, die Benommenheit abzustreifen. Das geschah mühsam genug, und es hat den Anschein, als wenn nach gewissen barbarischen Ereignissen auch die Lyrik die *Realien* mehr, als das lange Zeit erwünscht und praktiziert war, in ihre Sprache einbezöge. Sie hat sich dem Verhängnis gestellt und hat gesehen, daß der Schrecken, der den Sensiblen so oft in ihrer Einbildung geläufig gewesen war, greifbare Gestalt annehmen konnte, die alles vorgestellte Maß übertraf.
Dennoch mußte das Gedicht wieder darangehen, *zaubern* zu lernen, mußte es alte, alterslose Fähigkeiten und Fertigkeiten entwickeln, die verlorengegangen schienen. Es mußte nach der Atemlosigkeit wieder zu Atem kommen. Die Imagination war wieder ins Spiel zu bringen. In *Leonce*

und Lena konnte man sie studieren. Überhaupt bei Büchner, dem verborgenen Lyriker, dem Mann, der plötzlich in dem, was er sagte und schrieb, jenes verhohlene Timbre zeigte, jene zarte Tonart, die Poesie ist. Ich habe es immer kennzeichnend gefunden, daß Alban Berg den *Woyzeck* vertont hat. Bergs lyrisches Naturell hatte die Witterung für das verborgene Lyrische seines Stoffes, für die gebrochene, leise Stimme, die redet, für eine verletzliche Einfalt und Süße, die unverkennbar sind. Wer Gedichte schreibt, muß zur rechten Zeit Blicke in Zauberspiegel tun von der Art *Leonce und Lena,* auch wer *heute moderne* Gedichte zu schreiben versucht. Er muß sich der Verwandlung durch die leicht gewordene Phantasie überlassen, die ihn unmerklich zu weiteren, heiteren Metarmorphosen führen wird. Und er mag sich dabei ohne Scheu mit Leonce fragen: »Bin ich ein Müßiggänger?« Er wird in den Stand versetzt sein müssen, der ihn wie Büchners so zärtlich, so spielerisch erfundenen Prinzen wünschen läßt: »Wer sich einmal auf den Kopf sehen könnte.«

Um keine Mißverständnisse aufkommen zu lassen: Ich wollte keiner Karnevalistik der Worte, keinem lyrischen Konfettiwerfen Vorschub leisten. Jede Kapriole ist ja heute durch die Grazie des Intellekts gemildert, durch das Pathos der Distanz und die Kühle, die über solchem Pathos liegt, durch alle die Understatements, die geradezu in der Luft zu liegen scheinen, und dem schönen Mutwillen, der schönen Ungeduld gegenüber allem, was sich schwertut, die kleine Resignation beigeben, das kurze Achselzucken.

Das alles liegt als *Tendenz* im Büchnerschen Stück, als Ereignis. Man spürt in ihm in jedem Satz, in jedem Dialog, wie die Schwere aus den Gelenken genommen ist, wie Sinn und Un-sinn sich zu einem überzeugenden Ensemble zusammenfinden. Dies hochpoetische und damit hoch verbindliche Klima ist das Klima des Gedichtes *nach* der Schwächung durch die Realität, nach dem Niederschlag durch triste Verständlichkeit. Allerdings ist – wie nicht genug betont werden kann – die heitere Fähigkeit des Mannes, der Verse schreibt, Singvögel oder Tauben unter seinem Hut zu halten und sie zur richtigen Zeit in einen eingebildeten Äther entweichen zu lassen, nur die *eine* Seite seines dichterischen Geschäftes. Und er wird sich – um im Bildlichen zu bleiben – auch nicht mehr ohne weiteres seiner Vorstellungskraft als einer jener altmodisch gewordenen, was sage ich, ausgestorbenen Montgolfieren bedienen, eines jener schwerfällig-lyrischen Fahrzeuge, um sich in die Luft zu erheben und in den Himmel seiner Imagination zu entrücken.

Er weicht auf diese Weise nicht der Notwendigkeit aus, sein Dichten und Trachten unter Kontrolle zu bringen. Es sehr genau zu beobachten, mißtrauisch ihm gegenüber zu sein, Skeptiker zu bleiben (denn solche Skepsis ist eine ausgezeichnete Mitgift, um allzu heftige Euphorien zu dämpfen). Ein kühler Kopf hat den besseren Einfall, und – hat Baudelaire schon festgestellt – »die Orgie ist nicht mehr die Schwester der Inspiration«. Auch der Gefahr der bloßen Apartheit entzieht man sich solcherart, einer Gefahr, der möglichenfalls die ihren Eindrücken nachgehende Sinnlichkeit des Lyrikers *eher* erliegt als sein »organisierender« Intellekt, so wie Kammermusik von Gabriel Fauré gegenüber einer geistlichen Musik Oliver Messiaens aus den gleichen Gründen »apart« bleibt. Erst gegen sich selber gerichtete Ironie, diese besondere Feinfühligkeit, schafft jene Überlegenheit, wie sie auch *Leonce und Lena* beherrscht. Sie macht die Süße erträglich und mildert die Bitterkeit. »Die Erde und das Wasser (. . .) sind wie ein Tisch, auf dem Wein verschüttet ist, und wir liegen darauf wie Spielkarten, mit denen Gott und der Teufel eine Partie machen.« – Ich komme immer wieder auf Büchners Stück zurück, wie Sie sehen! *Diesmal,* um verständlich zu machen, was ich meine, wenn ich behaupte, daß die eben von mir genannte *Ironie* unversehens vollkommene *Poesie* werden kann, eine Poesie der Schwebung, der Balance, des gei-

stigen Vergnügens an einer Einsicht, der man alles Schmerzhafte nahm, da man sich ihr wie leichthin, wie von ungefähr zu nähern vermochte.
Solche Ironie mag nicht selten als Verkleidung eines bestimmten Sentiments, als Zuflucht vor ihm empfunden werden. Sie markiert sich für meine Vorstellung beispielsweise in der melancholisch-ironischen Grazie gewisser Porträts Amadeo Modiglianis oder in Ravels spielerischer Zuneigung für Kinderrasseln und knallende Peitschen. – Über allen derartigen Beispielen liegt *Zauber,* und *er* war es, mit dem ich mich heute in Hinblick auf Büchner und in Hinblick auf die moderne Lyrik ein wenig beschäftigen wollte: Zauber in seinen verschiedenen Nuancierungen, seiner Indirektheit, seinem Ungenügen ebenso an bloßer Schönheit und dem Leerlauf dieser Schönheit wie an der Verzweiflungs- und Verhängnis-Dichtung. Klage und Anklage können im Wort steinerne Wucht bekommen. Aber es kommt mir manchmal so vor, als wenn die feineren Geister, die durch Zauber frei werden, durch die Freiheit, die der Künstler sich nimmt, wenn er mit dem, was ihm wichtig ist, mit anscheinend leichter Hand umgeht, als wenn diese Geister vorher einmal schwermütigere Landschaften bevölkert hätten. Sie können der großen Elegie entsprungen sein!
Bei Büchner jedenfalls sind sie von dieser Herkunft. Und bei der dem »Gegenstand«, dem Stoff entfremdeten Lyrik unserer Tage noch ist das für den Aufmerksamen zu spüren. Übrigens gehört ja auch zu den Freiheiten des künstlerischen Spieltriebs, sich von der »Belastung« durch den Gegenstand zu lösen, selbst, wenn man in der Eile und im Eifer *zuviel* Ballast abwirft und plötzlich eine Reihe von Stufen zu hoch auf der luftigen Leiter sitzt. – Gleichwohl: eine Dichtung, die – auf ihre Weise – sich mit Wilhelm Lehmanns zutreffend schöner Formulierung von der »Weisheit der Absichtslosigkeit« befreundet hat, eine Dichtung, die nichts bewirken, zu nichts überreden will, muß

den Zauber auf ihre Fahnen geschrieben haben. Nicht als eine *andere* Art von Programm, nicht als die Weltanschauung der *anderen,* der zweiten Zeit, in der sich Dichtung bewegt. Dafür ist doch wohl solcher Zauber zu diskret, eine zu verschwiegene poetische Praktik!

Büchner *und* moderne Lyrik in unserem Lande! *Jener* nicht leitmotivisch verstanden, aber als Phänomen herangezogen. *Diese* nicht in ihrer Breite, in allen ihren Möglichkeiten gemeint! Ich wollte unsere Lyrik keinesfalls in die ihr eigene Tradition einordnen, eine Tradition, an der sie schwer genug trägt. Doch wäre ich froh, in aller Kürze einen Entwurf bestimmter Entwicklungen und Zustände gegeben zu haben, die Andeutung eines Prozesses, der noch im vollen Gange ist und von dem niemand Prognosen geben kann. – Es ist – dessen bin ich mir wohl bewußt – allenfalls ein Torso, den ich bei dieser Gelegenheit zeigen wollte, ein Torso, um den ich mit der Hand ein paar Linien in die Luft zu ziehen versuchte. – Es ging mir auch nicht etwa um das »experimentelle« Gedicht, nicht um das, was man früher mit einigem Selbstbewußtsein Avantgarde nannte und was heute gelegentlich in der Nähe einer eigentümlichen Sentimentalität angesiedelt ist, die an der Verkennung der veränderten Szene leidet und die Pionierzeit noch der zwanziger Jahre mit den anderen Aufgaben verwechselt, die den Künsten in einem Stadium verzweifelten In-Frage-Gestelltseins und verzweifelter Bedeutungslosigkeit gestellt sind. Der Mut zum Zauber, zum Spiel, zur intellektuellen Heiterkeit, zum Charme scheint mir größer zu sein als die nervöse Tätigkeit einsamer Manipulation. Der Fortschritt – möchte ich meinen – hat die Richtung gewechselt. Er bewegt sich auf anderen Terrains, die auf den ersten Blick vielleicht weniger aufregend sein mögen. Der Fortschritt liegt weniger im Herausbasteln von Kleinigkeiten als in unmerklichen Verschiebungen des Gesamtklimas. Dies aber meine ich in der Entwicklung der Lyrik beobachtet zu haben, wie sie sich da und dort ergab.

Man hat gelegentlich von einer Annäherung solcher Lyrik an Grazie, Rationalität, Helligkeit, Bewußtseinsverfeinerung des 18. Jahrhunderts gesprochen. Ich begnüge mich mit einer derartigen Feststellung. Sicher ist jedenfalls, daß in ihr das 19. Jahrhundert *gründlicher* vergangen ist als in Produkten, die Aggressivität mit Sensibilität verwechselt haben. Und vielleicht beginnen sich gewisse Schatten zu lichten.

Georg Büchner und sein Spiel von *Leonce und Lena* – in dem sich geistige Anmut so vollkommen erhielt – liegen noch *vor* der Zeit solcher Verschattung. Es ist darum von ihr auch noch nicht angefochten. Die Bukette der poetischen Einfälle, der zauberischen Späße, bei denen Leiden und Bitterkeit unterschwellig bleiben, welkten nicht. Die reizende Topographie eines Landes der Phantasie, die hier gegeben wurde, zieht weiter die empfindlich organisierten Geister an, die in solchem Lande Heimat finden möchten; denn es hat Lyrik ohne weiche Stellen, wenn ichs so ausdrücken darf, es hat die Frische des ersten Tages, der so aussieht, wie *keiner* der Tage, die ihm folgen. Es wäre schön, den Dank, den man einem solchen Dichter schuldet, in Worte fassen zu können, die soviel zarter Überzeugungskraft gewachsen wären, wie sie uns aus *Leonce und Lena* entgegenkommt. Doch schon der Versuch wäre vermessen!

(1956)

Zeittafel

1915 Geboren in Hannover am 11. März.
1936 Studium der Germanistik und Romanistik, Philosophie und Kunstgeschichte in Göttingen und Breslau bis 1941.
1943 *Hochgelobtes, gutes Leben.* Gedichte.
1948 *Gedichte.*
Heimsuchung. Gedichte.
Nachdichtungen französischer Lyrik aus fünf Jahrhunderten.
1949 *Auf Erden.* Gedichte.
1951 Mitglied des PEN.
Umzug von Göttingen nach Hannover.
1952 *Die Zeichen der Welt.* Gedichte.
1953 *Von nahen und von fernen Dingen.* Kurze Prosa.
Mitglied der Deutschen Akademie für Sprache und Dichtung.
Seit 1966 Vizepräsident.
1954 *Wind und Zeit.* Gedichte 1950–1954.
1956 *Tage und Nächte.* Gedichte.
Förderpreis des Kulturkreises im Bundesverband der Deutschen Industrie.
Georg-Büchner-Preis.
Umzug nach Darmstadt.
1957 *Verlaine in neuen Übertragungen.*
Die Barke Phantasie. Übertragungen zeitgenössischer französischer Lyrik.
Bestiarium. Sieben Gedichte nach Guillaume Apollinaires »Le bestiaire ou Cortège d'Orphée«.
1958 UNESCO-Stipendium für Paris.
1959 *Fremde Körper.* Neue Gedichte.
Tessin.
1960 *Bestiarium.* 25 Gedichte, nach Guillaume Apollinaire.
Mitglied der Mainzer Akademie der Wissenschaften und der Literatur.
1961 *Aspekte zeitgenössischer deutscher Lyrik.* Essays.
Im Wintersemester 1960/61 Gastdozent für Poetik an der Universität Frankfurt.
1962 *Spanische Gedichte des 20. Jahrhunderts.*
Unsichtbare Hände. Gedichte 1959–1962.
Mitglied der Bayerischen Akademie der Schönen Künste.
1963 *Ausgewählte Gedichte.*

1964 *Schattengefecht.*
Vorlesungen an der Universität München.
1965 *Gesammelte Gedichte.*
Großer Staatspreis des Landes Niedersachsen.
1966 *Landschaften für mich.*
Poetisches Tagebuch.
1968 *Minuten-Aufzeichnungen.* Prosa.
Alltägliche Gedichte.
1970 *Nichts weiter als Leben.* Gedichte aus den Jahren 1968–1970.
1972 *Zeitvergehen.* Gedichte.
Präsident der Deutschen Akademie für Sprache und Dichtung.

Quellennachweise

Benno von Wiese, »*Robinson I*« in: *Doppelinterpretationen. Das zeitgenössische deutsche Gedicht zwischen Autor und Leser.* Hrsg. und eingel. von Hilde Domin. Frankfurt/Bonn 1966, S. 203–206.

Hans Schwerte, »*Verlassene Küste*« in: *Wege zum Gedicht.* Hrsg. von Rupert Hirschenauer und Albrecht Weber. München/Zürich 1956, S. 384–391.

Gerhard Schmidt, »*Gedicht für J. S.*« in: *begegnung mit gedichten. 60 interpretationen.* Hrsg. von Walter Urbanek. Bamberg 1967, S. 277–283.

Hans Schorer, »*Der Augenblick des Fensters*« in: *Kristalle. Moderne deutsche Gedichte für die Schule.* Schriften des Deutschen Instituts für wissenschaftliche Pädagogik, München 1967, S. 239–250.

Theo Meier-Ewert, »*Niederlage des Herbstes*«. *Erfahrungen in einer 4. Volksschulklasse* in: *Süddeutsche Zeitung,* 8./9. April 1967.

Von Karl Krolow
erschienen im Suhrkamp Verlag

Fremde Körper. Neue Gedichte
1959, Bibliothek Suhrkamp 52

Unsichtbare Hände. Gedichte 1959–1962
1962

Ausgewählte Gedichte
Nachwort von Hugo Friedrich
1963, edition suhrkamp 24

Schattengefecht
1964, edition suhrkamp 78

Gesammelte Gedichte
1965

Landschaften für mich. Neue Gedichte
1966, edition suhrkamp 146

Poetisches Tagebuch
1966

Alltägliche Gedichte
1968, Bibliothek Suhrkamp 219

Minuten-Aufzeichnungen. Prosa
1968

Nichts weiter als Leben. Gedichte
aus den Jahren 1968–1970
1970, Bibliothek Suhrkamp 262

Zeitvergehen. Gedichte
1972

Über Karl Krolow

Herausgegeben von Walter Helmut Fritz
edition suhrkamp 527

Der Band enthält folgende Beiträge:
Hans Egon Holthusen, Naturlyrik und Surrealismus
Alfred Andersch, Gedichte in strömendem Wasser
Wilhelm Grasshoff, Karl Krolows neue Gedichte
Curt Hohoff, Ein Gedicht von Krolow
Helmuth de Haas, Der grüne und der weiße Gott
Ernst Kreuder, Dichtung als existentielles Experiment
Helmut Krapp, Suite von Augenblicken
Heinz Winfried Sabais, Von der Fremdheit der Erde
Hugo Friedrich, Nachwort zu »Ausgewählte Gedichte«
Peter Härtling, Die zwei Krolows
Heinz Piontek, Musterung eines Œuvres
Rudolf Hartung, Ein leiser Revolutionär
Hans Bender, Individuelle Einheit in der Vielfalt der Versuche
Eberhard Horst, Denkmal der Zärtlichkeit
Hans-Jürgen Heise, Extrakt aus acht Lyrikbänden
Friedrich Rasche, Karl Krolow und die Natur
Hilde Domin, Ariel im Handstand
Jürgen P. Wallmann, Das Leben auf sich regnen lassen
Helmut Mader, Eine Reise ins Innere des Augenblicks
Georg Hensel, Karl Krolows dritte Kraft
Joachim Günther, Vitale Girlanden
Gottfried Just, »Einbildungskraft als Nervenrausch«
Klaus Jeziorkowski, »Alltägliche Gedichte«
Gerhard Piniel, »Nichts weiter als Leben«
Peter Jokostra, »Was ich sehe, ist die Einzelheit«:
Das Weltverständnis in der Dichtung Karl Krolows
Gabriele Wohmann, Krolow-Gratulation
Im Anhang des Bandes befindet sich eine ausführliche Bibliographie der Primär- und der Sekundärliteratur.

Alphabetisches Gesamtverzeichnis der suhrkamp taschenbücher

st 75 Ernst Bloch
Vorlesungen zur Philosophie der Renaissance
176 Seiten
Vorlesungen zur Philosophie der Renaissance ist Ernst Blochs neueste Veröffentlichung. Bloch interpretiert die Renaissance nicht als »Wiedergeburt« der Antike, sondern als Neugeburt eines neuen Menschen und einer neuen Gesellschaft: der bürgerlichen. Diese Zeitenwende stellt er dar anhand der bisher stiefmütterlich behandelten Philosophie der Renaissance, angefangen bei den italienischen Naturphilosophen, über Giordano Bruno, Campanella, Paracelsus, Jakob Böhme und Francis Bacon, die Entstehung der mathematischen Naturwissenschaft mit Galilei, Kepler und Newton, bis zur Rechts- und Staatsphilosophie von Althusius, Machiavelli, Bodin und Hobbes. So entsteht ein geistesgeschichtliches Gesamtbild dieser Epoche, wie es heute für die Renaissance im allgemeinen Bewußtsein noch fehlt, weil man von ihr vor allem die künstlerische Revolution wahrgenommen hat.

76 Alexander Mitscherlich
Massenpsychologie ohne Ressentiment.
Sozialpsychologische Betrachtungen
ca. 224 Seiten
In diesem Band sind Aufsätze gesammelt, in denen sich Mitscherlich mit dem Verhalten, den Reaktionsweisen und Belastungen des Menschen in der Masse beschäftigt, kurz, mit den Problemen des modernen Menschen überhaupt. Es geht um Angst und Aggressionen, Masse und Familie, unstillbare Bedürfnisse und Ersatzbefriedigungen, Tabus und deren hemmende Wirkungen für die Demokratie. Durch das Bewußtmachen dieser Schwierigkeiten will Mitscherlich dem Menschen helfen, das Leben in der gegenwärtigen Massengesellschaft besser zu bestehen.

st 77 George Steiner
In Blaubarts Burg.
Anmerkungen zur Neudefinition der Kultur
Aus dem Englischen von Friedrich Polakovics
160 Seiten
Grundthema dieses Buches ist die beklemmende Feststellung, daß die Schreckensfiktionen der westlichen Kultur, besonders der europäischen Literatur seit 1815, wie eine ersehnte Vorwegnahme des tatsächlichen Schreckens wirken, der ab 1915 über Europa kam. Aus dieser Feststellung entsteht die Erkenntnis: die westliche Kultur ist nicht von außen vernichtet worden, die Barbarei, die sie zerstörte, entstand in ihr selbst aus dem unerträglichen Widerspruch zwischen der ideellen Befreiung des Individuums im Zeitalter der Französischen Revolution und seiner realen Versklavung in der Maschinerie der Welt der Wirtschaft seit der Restauration von 1815.

st 78 Wolfgang Koeppen
Das Treibhaus
192 Seiten
In dem Roman »Das Treibhaus« zeigt Wolfgang Koeppen am Schicksal eines Einzelnen die Anonymität politischer Mechanismen: das »Treibhaus«-Klima von Wahlkampf, Diplomatie und Parteiopportunismus, politische Praxis als Selbstzweck, als Geschäft. Wer sich nicht anpaßt, scheitert.

st 79 Hermann Hesse
Das Glasperlenspiel
624 Seiten
Dieses Buch enthält eine sehr konkrete Utopie. Nicht umsonst ist es den Morgenlandfahrern gewidmet, der Chiffre Hermann Hesses für die Künstler, Wissenschaftler und alle Menschen der Vergangenheit, Gegenwart und Zukunft, die untereinander darin verwandt sind, daß sie unabhängig von Parolen und Ansprüchen der Majoritäten ihre eigene Veranlagung konsequent verwirklichen, nicht aus Selbstzweck, sondern aus Notwendigkeit und somit zwangsläufig beitragen zur Objektivation des Geistes, der Wissenschaft und Humanität, die über allen Beschränkungen der Nationen, Rassen, Konfessionen und Ideologien steht.

st 81 Max Frisch
Stücke 2
448 Seiten
Auch in seinen späteren Stücken geht es Max Frisch um die Darstellung der vielfältigen psychischen und sozialen Einflüsse und Widerstände, mit denen einzelne Gruppen konfrontiert werden. *Don Juan oder Die Liebe zur Geometrie, Biedermann und die Brandstifter, Die große Wut des Philipp Hotz, Andorra, Biografie.* Dieser Band folgt in Text und Anhang, bis auf die *Biografie,* der Ausgabe von 1962.

st 83 Kurt R. Grossmann
Ossietzky. Ein deutscher Patriot
Mit einem Vorwort von Dieter Hildebrandt
464 Seiten
Carl von Ossietzky – kein anderer deutscher Nobelpreisträger ist bei uns so ausschließlich nur vom Hörensagen bekannt. Zwar findet sich sein Name in den Geschichtsbüchern, denn wer von der Weimarer Republik spricht, spricht von Ossietzky, ihrem mutigsten und selbstlosesten Anwalt. Doch wer sich näher und objektiv über ihn informieren will, ist bei uns noch immer auf die rar gewordenen alten Jahrgänge der »Weltbühne« und andere so gut wie verschollene Zeitschriften angewiesen. Das Buch des mit Ossietzky befreundeten, in diesem Jahr verstorbenen Augenzeugen Kurt R. Grossmann ist ein wohldokumentiertes Quellenwerk und darüber hinaus ein lehrreiches Stück Zeitgeschichte, in dem Ossietzky nicht ideologisch reduziert, sondern in seiner ganzen kritischen Vielfalt gezeigt wird als einer der unerschrockensten deutschen Publizisten.

st 84 Bertrand Russell
Autobiographie II (1914–1944)
Aus dem Englischen von Julia Kirchner
416 Seiten
Dieser Band setzt den ersten Teil der als st 22 erschienenen Autobiographie Bertrand Russells (1872–1914) fort. Er dokumentiert die Jahre vom Ausbruch des Ersten Weltkriegs bis kurz vor das Ende des Zweiten. Der Krieg veranlaßte Russell, grundlegende Fragen neu zu überdenken. Er vertrat seine pazifistische Überzeugung so kompromißlos, daß er 1916 wegen Aufwiegelung

zur Kriegsdienstverweigerung inhaftiert wurde. Er besuchte das nachrevolutionäre Rußland und lehrte in China. Er schloß eine zweite und dritte Ehe, gründete eine Schule und ging nach Amerika.

st 87 Bertolt Brechts Dreigroschenbuch
Herausgegeben von Siegfried Unseld
2 Bände, insgesamt 736 Seiten
Das *Dreigroschenbuch* enthält alle Texte, die Brecht selbst in diesem Zusammenhang geschrieben hat, also die Oper, den Film, den Prozeß, den Roman, Anmerkungen zur Oper, dann Arbeiten aus dem Nachlaß, Aufsätze zur Musik der Oper, zur Dreigroschenbühne, eine zweite Erklärung zum Plagiatsvorwurf, dann Neufassungen und Zusatzstrophen zu den Songs, die Aufzeichnung eines Gesprächs zwischen Brecht und Giorgio Strehler, dem Regisseur der berühmten Mailänder Aufführung, eine deutsche Übersetzung von Gays »Beggar's Opera«, dazu eine Auswahl der Arbeiten und Stimmen von Benjamin, Adorno, Bloch, Tucholsky, Kurt Weill, Lotte Lenya u. a.

st 88 Franco Buono
Zur Prosa Brechts. Aufsätze
128 Seiten
Dieser Band enthält drei wichtige Aufsätze zu einer bisher weniger beachteten Seite des Brechtschen Werks. *Eine »Inquiry« Brechts: Der Dreigroschenroman* behandelt die Entwicklung der Dreigroschengeschichte von der Oper über das nicht verfilmte Drehbuch zum Roman und die Auseinandersetzung Brechts mit der Gattung des Romans überhaupt. *Odysseus, Kandaules, Ödipus und Brecht* kommentiert die Brechtschen *Berichtigungen alter Mythen* und handelt dabei Brechts Verhältnis zur mythischen und historischen Tradition ab. In den *Bemerkungen über Marxismus und Geschichte bei Bertolt Brecht* geht es um die Marxismusrezeption Brechts in Auseinandersetzung mit seinem ›Lehrer‹ Karl Korsch.

st 89 Michel Butor
Paris-Rom oder Die Modifikation
Aus dem Französischen von Helmut Scheffel
304 Seiten
Paris-Rom oder Die Modifikation ist eines der wich-

tigsten Werke des *nouveau roman*, der, die Experimente von Proust, Joyce und Faulkner weiterentwickelnd, in einer kritischen Auseinandersetzung mit dem traditionellen Roman ein adäquates Ausdrucksmittel sucht. Auf der Reise von Paris nach Rom ändert der Erzähler, ein Geschäftsreisender, seinen Entschluß, sich von seiner Pariser Frau scheiden zu lassen und seine italienische Freundin zu heiraten, weil er sich bewußt wird, daß er durch diese zweite Heirat seine erste Ehe nur wiederholen würde. Der Roman ist durchweg ein innerer Monolog in der zweiten Person. Dieser Monolog wird stimuliert und unterbrochen durch Verschiebungen von Raum und Zeit, den Wechsel von Reflexion und Traum, den Kontrast zwischen der fremden Umwelt und der inneren Entscheidung, durch die Erkenntnis, daß die Dinge, d. h. unser Verhältnis zu ihnen, sowohl eine mythenschaffende wie eine mythenzerstörende Qualität haben.

st 91 Noam Chomsky
Über Erkenntnis und Freiheit. Vorlesungen zu Ehren von Bertrand Russell
Aus dem Amerikanischen von Gerd Lingrün
128 Seiten
Sein doppeltes, sowohl wissenschaftliches als auch politisches Engagement verbindet Noam Chomsky mit dem großen englischen Philosophen Bertrand Russell. Die Welt interpretieren und die Welt verändern – das sind daher die beiden Themen der hier vorgelegten Vorlesungen zu Ehren des verstorbenen Gelehrten. Im ersten Teil, *Über die Interpretation der Welt*, geht es um die Möglichkeiten und Grenzen menschlicher Erkenntnis, die am Beispiel der Struktur der Sprache erörtert werden. Im zweiten Teil, *Über die Veränderung der Welt*, wird dargelegt, daß Russells politische Hoffnungen in einem antiautoritären, föderalistischen Anarchismus mit Rätesystem lagen. Gegen Ende seines Lebens engagierte sich Russell vor allem in einer Bewegung, die auch für Chomsky absoluten Vorrang hat, der Bewegung gegen den Völkermord in Vietnam. So enden diese Vorlesungen mit einer vehementen Anklage des US-Krieges gegen die Völker Indochinas.

st 93 Dieter Kühn
N
144 Seiten
»N«: die Geschichte Napoleon Bonapartes, vom Tage seiner Geburt im Jahre 1769 bis zur Machtübernahme am 18. Brumaire, das ist der Versuch einer historischen Erzählung, ein Modell, das zusammengesetzt ist aus verifizierbaren Details. Erdachtes und Historisches stehen in einem Spannungsverhältnis. Die Darstellung aller Möglichkeiten verdeutlicht, welche Faktoren eine Rolle spielten, und daß Geschichte veränderbar ist. Über »N« schrieb Hellmuth Karasek: »Ein erzählerisches Modell, das dicke Kompendien der Geschichtsphilosophie ersetzt.«

st 94 Martin Walser
Halbzeit. Roman
2 Bände
insgesamt 912 Seiten
Bei seinem Erscheinen 1960 erregte der Roman *Halbzeit* die Gemüter. Heute wird immer deutlicher, wie sehr Reinhard Baumgarts Urteil zutrifft: »ein Buch, das reicher wäre an Ansichten von unserer Wohlstandsgesellschaft, ist in Deutschland noch nicht geschrieben worden.«

st 95 Karl Krolow
Ein Gedicht entsteht
ca. 160 Seiten
Karl Krolow hat in diesem Band Aufsätze zusammengestellt, die Einblick gewähren in seine literarische Werkstatt. In didaktischer Absicht werden so Hinweise gegeben, wie heute Gedichte entstehen und wie sie zu verstehen sind. Eigeninterpretationen werden dabei mit Analysen von Fachgermanisten konfrontiert und ergänzt. Auf diese Weise enthält das Buch Materialien zu einem Selbstporträt, in denen Karl Krolow seine ästhetische Herkunft und Position bestimmt.

st 97/98 Knut Ewald
Innere Medizin
ist das auf dem aktuellsten Stand befindliche, derzeit erhältliche Kompendium der Inneren Medizin. Als über-

sichtliches – den ganzen Stoff der Inneren Medizin stichwortartig resümierendes – Nachschlagwerk ist es das ideale Handbuch für alle Studierenden, Ärzte und interessierte Laien. Ein umfangreiches Sachwortverzeichnis ermöglicht eine rasche Orientierung.

st 99 Ödön von Horváth
Ein Kind unserer Zeit. Roman
128 Seiten
In seinem letzten, 1937 geschriebenen Roman *Ein Kind unserer Zeit* versetzt sich Ödön von Horváth in die Lage eines Soldaten, eines typischen Mediums seiner »Großen Zeit«, und läßt ihn arglos daherschwadronieren. Dieser makabre Monolog, der in dummdreister Einfalt das ganze Arsenal der Phrasen und unmenschlichen Parolen eines militanten Nationalismus rekapituliert und ad absurdum führt, ist eine der gekonntesten und erbarmungslosesten sozialkritischen Parodien der deutschen Literatur.

st 100 Hermann Hesse
Die Kunst des Müßiggangs
Kurzprosa aus dem Nachlaß
Herausgegeben von Volker Michels
368 Seiten
Die Kunst des Müßiggangs ist der Titel der ersten, 1904 entstandenen Betrachtung dieser Sammlung, die über 50 in Buchform noch unpublizierte Kurzprosastücke aus fünf Jahrzehnten enthält. Das thematische Spektrum reicht bis hin zur Parodie des naiven Rationalismus einer Leistungsgesellschaft, »welche den Erfindern des Atom-Nußknackers Ruhmeskränze flicht und den Andrang des Publikums zu den Sonntagsfahrten auf den Saturn nur noch mit Hilfe großer Polizeiaufgebote bändigen kann«.

st 101 Peter Handke
Stücke 2
192 Seiten
Der Band *Stücke 2* enthält das stumme Spiel *Das Mündel will Vormund sein,* in dem sich durch genau festgelegte Bewegungsabläufe die Abrichtung eines Menschen vollzieht; das Party-Spiel *Quodlibet* mit den »Figuren des Welt-Theaters«; und das Stück *Der Ritt über den Bodensee,* das Sprechstück und Pantomime in eins ist, ein Lehrstück mit Lustspielcharakter.

st 102 Werner Fuchs
Todesbilder in der modernen Gesellschaft
240 Seiten
Dieses Buch behandelt die widersprüchliche Einstellung des heutigen Menschen zum Tode im Spannungsfeld zwischen archaischen und rationalen Orientierungen und zeigt, durch welche Mechanismen Relikte magisch-religiöser Todesbilder tradiert werden, welche Institutionen ihr Weiterleben garantieren, welche gesellschaftlichen Faktoren es verhindern, daß sich die Idee des natürlichen Todes allgemein durchsetzt und realisiert: politische und soziale Gewalt.

st 103 Noam Chomsky
Kambodscha, Laos, Nordvietnam
Im Krieg mit Asien II
Aus dem Amerikanischen übersetzt von Jürgen Behrens
256 Seiten
Noam Chomsky, der Begründer der Generativen Grammatik, erregte weltweites Aufsehen durch sein kompromißloses Engagement gegen den Krieg der Vereinigten Staaten in Indochina. In seinem neuesten Buch *Im Krieg mit Asien,* dessen erster Teil als st 32 unter dem Titel *Indochina und die amerikanische Krise* erschien, legt Chomsky seine totale Verurteilung der amerikanischen Indochinapolitik dar. Dieser zweite Band enthält am Ende eine vollständige Literaturliste der zitierten Arbeiten und damit zugleich eine der wahrscheinlich umfassendsten amerikanischen Bibliographien zum Vietnamkrieg.

st 105 Max Frisch
Stiller. Roman
448 Seiten
»Frisch hat sich durch diese Form, die gleichzeitig Handlung, gleichzeitig Problematik selbst ist, in einen andern verwandelt, der nun erzählt, nicht von Stiller zuerst, sondern von sich, von White eben, für den Stiller der andere ist... Gerade durch diese Romanform wird so Selbstdarstellung möglich, gesetzt – und das ist nun wichtig, entscheidend –, der Leser mache auch mit, spiele mit. Ohne Mitmachen ist der *Stiller* weder zu lesen noch zu begreifen.« Friedrich Dürrenmatt